角谷的藏书架

100本值得一读再读的经典

[美]角谷美智子 著　　[美]达纳·塔拿马奇 绘　　杨绮帆 译

九州出版社
JIUZHOUPRESS

图书在版编目（CIP）数据

角谷的藏书架：100本值得一读再读的经典 / (美)
角谷美智子著；杨绮帆译. –– 北京：九州出版社，
2023.1（2023.4重印）

ISBN 978-7-5225-1185-6

Ⅰ.①角… Ⅱ.①角…②杨… Ⅲ.①书评—美国—
现代—选集 Ⅳ.①G236

中国版本图书馆CIP数据核字(2022)第195267号

Ex Libris : 100+ Books to Read and Reread / Michiko Kakutani;
illustrations by Dana Tanamachi.
Copyright © 2020 by Michiko Kakutani
Illustrations copyright © 2020 by Dana Tanamachi
著作权合同登记号：01-2022-4064

角谷的藏书架：100本值得一读再读的经典

作　　者	[美]角谷美智子 著　　杨绮帆 译
责任编辑	杨宝柱　　周　春
出版发行	九州出版社
地　　址	北京市西城区阜外大街甲 35 号（100037）
发行电话	（010）68992190/3/5/6
网　　址	www.jiuzhoupress.com
电子邮箱	jiuzhou@jiuzhoupress.com
印　　刷	天津图文方嘉印刷有限公司
开　　本	889毫米×1194毫米　32开
印　　张	11.75
字　　数	218千字
版　　次	2023年1月第1版
印　　次	2023年4月第2次印刷
书　　号	ISBN 978-7-5225-1185-6
定　　价	118.00元

致世界各地的读者和作者

目 录

导 言

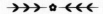

　　普利策奖得主、剧作家奥古斯特·威尔逊[1]在一次演讲中回忆道，在童年时期，他是那个想要阅尽家中藏书的人，也是那个借书证用得破破烂烂、借了书总是到期不还的人。15岁时他从高中辍学，然而每个上学日，他都会去匹兹堡卡内基图书馆阅读历史、传记、诗歌和人类学书籍。图书馆后来还给他发了荣誉高中毕业证。他说，他在图书馆发现的书"打开了一个他进入后就再也离不开的世界"，他的想法因此转变，认为"我也可以当一个作家"。

　　正如雷·布拉德伯里[2]自述"完全是在图书馆受的教育"一样，奥利弗·萨克斯博士[3]也认为他接受的真正教育是在当地公共图书馆完成的。这家图书馆位于他从小就很熟悉的伦敦

---

[1] 美国剧作家，代表作《樊篱》。——译者注（本书若无特殊说明均为译者注）

[2] 美国科幻小说家，代表作《华氏451》《火星编年史》。

[3] 美国神经病学专家、纪实文学作家，代表作《错把妻子当帽子》。

威尔斯登。还有两个著名的自学成才的例子：亚伯拉罕·林肯和弗雷德里克·道格拉斯[1]，他们成长过程中阅读的书籍塑造了他们不可磨灭的理想和抱负，赋予他们表达和论证的工具，从而帮助他们影响美国历史。

弗吉尼亚·伍尔芙写道，阅读的快乐是"如此强烈，没人能否认这一点：若是没有阅读，这个世界会截然不同，一落千丈。阅读改变了世界，并将继续改变它"。她提出，事实上"我们之所以从猿猴进化为人，离开洞穴，放下弓箭，围坐在篝火边聊天，照料和帮助老弱病残——我们之所以在沙漠荒原和交纵错杂的丛林中开辟家园，组建社会，原因很简单——我们爱上了阅读"。

在 1996 年出版的《阅读史》中，阿尔维托·曼古埃尔讲述了一个 10 世纪的波斯统治者。据记载，他让 400 头训练有素的骆驼驮着他的 117000 本藏书，按字母顺序排列行走，跟他一起旅行。曼古埃尔还讲到，19 世纪末期，古巴的雪茄工厂雇了一些公众朗读者给工人们大声朗读书籍。他还提及一位他少年时代的恩师的父亲，一位学富五车、熟记经典的学者，在萨克森豪森纳粹集中营里自愿为狱友提供"图书馆"服务。他能大声整本背诵各种书籍——这一点和《华氏 451》中的书迷十分相似，凭借过目不忘的记忆力，他们使书中的知识历久弥新。

---

[1] 19 世纪美国废奴运动领袖。

我们为什么如此爱书？

这些砖块大小的东西似乎具有魔力——它们由纸张、墨水、胶水、细线、纸板、布料或皮革组成，就像小小的时光机，将我们传送到过去汲取历史的教训，或是到达理想幸福或丑恶不幸的未来。书籍能将我们运送到地球上各个偏僻的角落，甚至更为遥远的星球和宇宙。书籍带给我们现实中绝无交集的男男女女的故事，阐述那些灵光一现的伟大发明，令我们有幸瞻仰前人的智慧。书籍教会我们天文、物理、植物学和化学知识；向我们解释太空飞行的动力学和气象变化；带我们认识与我们自身的想法迥异的信念、观点和文学作品。书籍能突然将我们带到虚构的国度，比如《绿野仙踪》中的矮人国、《魔戒》中的中土世界、纳尼亚王国和爱丽丝仙境，以及麦克斯当上野兽之王的地方。

孩提时代，书籍既是我逃避现实的好去处，也是为我遮风挡雨的庇护所。我是独生女，多数时候习惯独自一人待着。我父亲在一个装冰箱的硬纸箱侧面切割出门和窗子，把它变成一个游戏屋，我就在里面看书。晚上，我就打着手电筒躲在毯子下看书。课间休息时，我就待在学校图书馆里，以避开操场上那些横行霸道的学生。坐在车后座时我也在看书，哪怕会晕车。连坐在餐桌边我都在阅读：因为我母亲认为不能边看书边吃东西，所以我会抓起手边的随便什么东西来读——麦片盒子、工具说明书、超市传单、"莎莉牌"碧根果咖啡蛋糕或是"恩特曼家"脆皮蛋糕的配料表。我连 RITZ 饼干盒背后的仿苹果派食谱都读了好多遍，都能背下来了。我一直极度渴求文字。

在年幼的我眼中，一些小说里的人物仿佛真实存在，一到夜晚，我就担心要是我没有合上书皮，他们会从书页里蹦出来。我脑补了莱曼·弗兰克·鲍姆的《绿野仙踪》里那些可怕角色逃出书本的场景——飞猴、矮子精国王和拥有危险生命之粉的女巫蒙比——他们通过我的卧室进入现实世界为非作歹。

在我沉迷于电视剧《权力的游戏》《绝命毒师》和《黑道家族》之前的数十年，我如饥似渴地读了小说《少女侦探南茜·朱尔》《黑神驹》，各种里程碑式的传记，甚至是完整的《世界百科全书》（我父亲刚从日本迁居美国时，就是用它提高英文水平的）。

在高中和大学时期，我沉迷于阅读存在主义的书（《局外人》《禁闭》《地下室手记》《无理之人》《非此即彼》《悲剧的诞生》），读黑人历史（《马尔科姆·艾克斯自传》《下一次将是烈火》《应许之地的老男孩》《假如我是黑人》《黑皮肤，白面具》），也读科幻小说和反乌托邦小说（《1984》《动物农场》《沙丘》《文身人》《华氏451》《童年的终结》《发条橙》《猫的摇篮》）。我的阅读毫无系统性可言。那时，我根本没有意识到自己为何被这些书籍吸引——回想起来，作为学校里为数不多的非白人孩子，我一定是被那些讲述外来者试图认清自己身份和归属的书吸引的。后来我才意识到，即使是《绿野仙踪》

中的多萝西,《爱丽丝梦游仙境》中的爱丽丝,《纳尼亚传奇》中的露西,他们也是陌生土地上的陌生人,试图在所有正常法则都不适用的世界里找到方向。

在没有互联网的日子里,我已不记得我们从哪里获知新书和作者信息,或是决定接下来要读什么书。小时候,我初次听说的名字有海明威、罗伯特·佩恩·沃伦、詹姆斯·鲍德温、菲利普·罗斯,因为《生活杂志》或《展望杂志》上总刊有他们写的或是介绍他们的文章(或照片)。我读了蕾切尔·卡森写的《寂静的春天》,因为我母亲当时正在读这本书。我还读了艾略特的诗,因为我最喜欢的高中老师阿迪诺菲先生教我们背了一首《J.艾尔弗雷德·普鲁弗洛克的情歌》。不少读者是通过阅读才有了很多生活的最初体验,现实经历反而会来得更晚一些,我也是其中一员。

"你在书中读到一些你以为只发生在你身上的事情,"詹姆斯·鲍德温曾经说过,"结果你发现一百年前,一样的事也发生在陀思妥耶夫斯基身上。这对正在苦苦挣扎、总认为自己孤立无援的人来说是一种极大的释放。这就是艺术如此重要的原因。"

我在本书中提到的书籍有:一些长久以来我钟爱的书(《时间的皱纹》《白鲸》《理智尽头的棕榈树》),一些阐明当今政治困境的老书(《美国政治中的偏执风格》《极权主义的起源》《联邦党人文集》),一些持续影响了一代又一代作家的著名小说(《小城畸人》《我弥留之际》《奥德赛》),致力于解决当务之急的新闻报道和学术著作（《跑步在最绝望的城市：从喀布尔到巴格达的战地报道》①《大灭绝时代》《虚拟现实：万象的新开端》），照亮世界或人类思想隐秘角落的作品（《北极梦》《实验室女孩》《错把妻子当帽子》），还包括一些我经常推荐或者送给朋友的书。

本书包含了一些我最爱的经典名著，但还有很多必读经典书目，更不用说我们从高中到大学都记忆犹新的教学大纲书目了。因此，我也试着收录了许多近期的书籍——当代作家的小说、故事和回忆录，以及关于技术、政治和文化剧变如何给我们的世界带来结构性变化的非虚构作品。

和所有的书目清单或文集一样，本书挑选的书目是主观的，无疑也是随机的。我很难将我的选择缩减到100本（这也是有些条目实际上包含不止一本书的原因），我也可以轻易加上另外100本同样有力、动人或合乎时宜的书。

多年来，我有幸遇到很多给予我启迪的恩师，是他们丰富了我对书籍的理解力和鉴赏力。还有一些优秀的编辑，比如《纽约时报》的前总编亚瑟·盖尔布，他是我们很多人的导师，也是一名熟稔文化界和要闻界的记者，是他令我多年来得以依靠阅读谋生。

在本书中，我更多地以书迷而非书评人的身份写作。我不想试图解释这些书里隐藏的意义，或是将它们放在文学史中整

① 原书名为 *Forever War*，意即"永远的战争"。此处以中译本书名为准，后文同。

体评价；我鼓励你们阅读或重读这些书，是因为它们值得拥有尽可能多的读者。它们或真挚动人，或恰逢其时，或文笔优美；它们教会我们关于世界、他人或自己情感生活的一些事；或者只是因为它们令我们想起当初为什么会爱上阅读。

在如今这个争议不断、支离破碎的世界里，阅读比以往任何时候都更重要。首先，书籍能提供一种深入的体验——在这个很难集中注意力的年代，这种体验正变得越来越稀有——无论是一本扣人心弦的小说带来的身临其境感，还是一部充满智慧的或颇有争议的非虚构作品所引发的深思。

书籍可以打开一扇令人惊异的历史之窗；它们可以让我们获得所有新旧知识。美国国防部前部长詹姆斯·马蒂斯①拥有多达7000余册的藏书，他在谈到自己的军旅生涯时说："多亏了阅读，我不曾因任何情况而手足无措，也不曾在处理任何问题时而感到迷茫。它并没有告诉我所有问题的答案，但它照亮了一片黑暗的前路。"

除此之外，书籍还能激发同理心——在我们这个日益对立和分化的世界里，这一点弥足珍贵。简·里斯②曾经写道："阅读让我们所有的人都成为移民。它带我们离开家，更重要

① 任职期间为 2017 年 1 月至 2019 年 1 月。

② 英国女作家，代表作《藻海无边》。

多年来，我有幸遇到很多给予我启迪的恩师，是他们丰富了我对书籍的理解力和鉴赏力。

的是，它让我们四海为家。"

最重要的是，文学能给予我们惊奇和感动，挑战我们原本确定无疑的想法，驱使我们重审自己的固定思维。书籍能让我们不再囿于成见，通过对细节和语境的赏析，来取代"我们与他们"的反身思维。文学挑战了政治正统、宗教教条和传统思维（当然，这也是独裁政权禁书和焚书的原因）；同时，文学也发挥着教育和旅行的作用：它让我们接触到多样化的观点和声音。

正如大卫·福斯特·华莱士[1]所指出的，文学能给"被困在自己脑壳里"的读者提供一种能够"接近其他自我的想象通道"。

也许，就像前总统巴拉克·奥巴马在距卸任还有一周时谈到的那样，书籍可以提供历史观、与他人团结一致的感觉以

---

[1] 美国作家，代表作《无尽的玩笑》。

及"设身处地为他人着想的能力"。它们可以提醒我们"隐藏在争论背后的事实真相",以及故事这一体裁的能力——"它可以凝聚人心,而非制造分裂;可以建立联系,而非将人边缘化"。

在这个政治和社会存在分裂的世界里,文学可以跨越时区和地区,跨越文化和宗教,跨越国界和时代,将人们联系起来。它能让我们理解与自身截然不同的生活,让我们体会到人类经历中共同的欢乐与失落。

《美国佬》

（2013）

奇玛曼达·阿迪契 著

>>>> ◇ ◆ <<<<

　　奇玛曼达·阿迪契的《美国佬》讲述了一个感人肺腑、犀利深刻而又趣味盎然的成长故事。它既是一个旧式爱情故事，又展现出在日新月异的全球化世界里对种族、阶级、移民和身份认同的敏锐思索。

　　阿迪契笔下活泼率真的女主人公伊菲麦露在尼日利亚的拉各斯长大，高中时，她爱上了文学教授的儿子——认真且迷人的奥宾仔。两人瞬间产生了化学反应——"突然之间，她发现自己想和奥宾仔呼吸同样的空气"[①]——并描绘了两人未来的蓝图，也许会是在美国，一个奥宾仔心怀敬畏的国家。

　　教师大罢工中断了他们的大学生活。伊菲麦露获得奖学金能去美国上大学时，奥宾仔力劝她接受这个机会。他告诉她，自己会拿到签证，一完成大学学业就跟随她去美国，但"9·11"后苛刻的移民政策使这一切都成为泡影。相反，他将以非法移

---

① 张芸译：《美国佬》，北京：人民文学出版社，2018年。

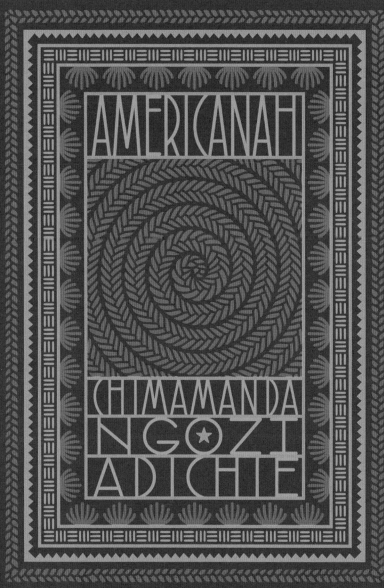

民的身份在伦敦度过痛苦不堪的几年，在伦敦，他只能找到最卑贱的工作。最终，他回到了家乡拉各斯，成为一名成功的房地产开发商并结婚生子。

与此同时，伊菲麦露正在努力适应美国的生活。她将自己的亲眼所见与记忆中伴随她长大的美剧《考斯比一家》进行了对比。她渴望"理解美国的一切"——"在'超级碗'上支持一支球队，知道手指蛋糕是什么，体育'罢工'是什么""点'玛芬'时不去想那其实是蛋糕。"在家乡，她从未真正意识到自己是"黑人"，而在美国，有关种族的争论无处不在，渗透了生活的方方面面，从爱情到友情，再到工作动态，这让她感到震惊。在一篇《致我的非美国黑人同胞》的博客文章里，她写道："停止争辩。停止说'我是牙买加人'或'我是加纳人'。美国不管这些。所以就算你在你的祖国不是'黑人'又怎样？如今在美国你是。"

阿迪契拥有一双可以察觉社会与情感细节的"热感应眼"，她运用这种天赋讲述了伊菲麦露的经历，令人感同身受。同时，她还讽刺了一些美国人的隐性种族歧视，以及那些渴望把自由政治像徽章一样戴在身上的进步人士的伪善作风。

作为一个外国人，伊菲麦露注意到美国文化中千奇百怪的黑色幽默。她注意到美国人在聚会上并不跳舞，而喜欢站在一边喝酒；很多人"穿睡衣去学校，穿内衣逛商场"，好让别人觉得他们太"出众／忙碌／酷／不紧张"，以至于懒得好好打扮。她还注意到，人们把算术叫作"math"，而不是

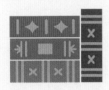

> 阿迪契拥有一双可以察觉社会与情感细节的"热感应眼",她运用这种天赋讲述了伊菲麦露的经历,令人感同身受。

"maths"[1],而且学院派会莫名被一些小事激怒,比如"卡车里成熟的进口蔬菜"。

多年以后,伊菲麦露的博客"种族节[2],或一个非美国黑人观察美国黑人的种种心得"大获成功。她拥有了前所未有的自信,与一位富有的白人商人分手后,她与一位在耶鲁任教的黑人讲师建立了一段"看起来很完美"的恋爱关系。

但是,伊菲麦露无法停止对奥宾仔的思念,"她的初恋,她的初恋情人,唯独和他在一起时她从不觉得需要解释自己"。她意识到,她经常感受到的"灵魂深处的纽带"是一种思乡之情——她思念着拉各斯和她的家人。于是,13年后,她决定返乡——事实证明,这段旅程就像她当初的美国之行一样令人不快。阿迪契有力地叙述了她的种种经历,汇聚成一个关于

---

[1] math 为美式英语,主要在美国使用;maths 则为英式英语,主要在英国使用。

[2] 即"六月节",也称自由日或解放日,为了纪念 1865 年于得克萨斯州宣布废除奴隶制的历史事件。

归属感的故事——这个世界里，身份越来越具流动性和界定性。这也是一个关于我们被成长和生活的地方所塑造的故事。

《那世上的光：回忆录》

（2015）

伊丽莎白·亚历山大　著

>>>> ◇ <<<<

这本关于爱和丧亲之痛的回忆录令人动容。在本书中，伊丽沙白·业历山大描述了她在心爱的丈夫菲克雷·盖布雷耶苏斯去世之后痛彻心扉的情感创伤，以及同她的两个儿子——所罗门和西蒙彼此安慰和引导着走过了暗无天日的悲伤长廊，得以重见天光的故事。

她回忆说，有一天晚上，13岁的西蒙在睡觉前问她，是否想和他一起去天堂看望菲克雷：

是的，我说，然后躺倒在他的床上。

你先闭上眼睛，他说，然后乘坐这个透明的玻璃电梯。我们出发了哦。

你看到了什么？我问。

上帝坐在大门口，他回答说。

上帝长什么样？我问。

就像上帝一样，他说，现在我们去找爸爸吧。

他有两个房间，西蒙说，其中一个放着一张单人床，还有他的书。另一个房间是他画画的地方。画室非常大。他可以从任何一扇窗户往外看，然后画下自己看到的风景。

到了该离开的时候，他们又乘电梯回来。"你可以随时和我一起去。"西蒙告诉妈妈。

亚历山大——一位获奖诗人、前耶鲁大学教授、现任安德鲁·W.梅隆基金会主席——表达了丧夫15年来的切肤之痛。她的书实际上是一封写给丈夫的情书，给我们留下了一幅盖布雷耶苏斯作为丈夫、父亲和艺术家难以磨灭的肖像。她把他色彩鲜艳的形象栩栩如生地展示在书页上。她描述了他们相遇的过程。她仍记得他们如何坠入爱河，一起下厨，在共用的笔记本上给对方写俳句，一起听艾哈迈德·贾马尔、贝蒂·卡特、艾比·林肯、兰迪·韦斯顿和唐·普兰的歌，"这些都是我们欣赏的非裔移民中的天才"。

正如她的诗歌（《美国的崇高》《霍屯都的维纳斯》《战前梦之书》）探索的是现在和过去之间的联系以及身份的复杂性，这本回忆录也在缅怀让两人走到一起的奇特曲折的命运。原来，亚历山大和盖布雷耶苏斯的出生时间相差不到两个月，他们分别出生在地球的两端——她出生于纽约的哈莱姆区 [①]；他出生于饱受战争蹂躏的厄立特里亚 [②]，16岁时逃离该国，途经苏丹、意大利和德国来到美国。

---

① 美国纽约市曼哈顿的一个社区，20世纪美国黑人文化与商业中心。

② 位于非洲东北部，是世界上最不发达的国家之一，经济发展以农业为主。

正如她的诗歌（《美国的崇高》《霍屯都的维纳斯》《战前梦之书》）探索的是现在和过去之间的联系以及身份的复杂性，这本回忆录也在缅怀让两人走到一起的奇特曲折的命运。

他离世后，亚历山大感到他们的房子里弥漫着悲伤。她觉得自己"可以永远等他回来"；她会"让客厅的灯开着，就是那盏面朝大街的灯"。她梦想着他令人不可思议地脚踏滑板回家。她想："我在慢慢变老，但他不会。"

她意识到自己不会用录像机，因为以前没必要两个人都学会用。之后的一年半里，她继续为他支付手机话费，因为她不想失去和他的短信联系。她不再去书店，因为她幻想会在那里的历史区、艺术区或园艺区看到他。

亚历山大和盖布雷耶苏斯在纽黑文相识，并在纽黑文以及附近的哈姆登将两个儿子抚养长大。她以诗人和长期定居居民的身份写作，完美地捕捉了纽黑文"新英格兰树木和工业废墟的混合隐喻景象"、出人意料的美食，以及大学生活和街头生活交织的节奏。

在本书结尾，亚历山大和她的儿子离开纽黑文，前往纽约。他们本打算去格罗夫街公墓和菲克雷告别，但因为要去看医生而耽搁了时间，没能在公墓关门前赶到。没关系，她的儿子西蒙说："坟墓让我想起爸爸的离世，而我却想记住爸爸的一生。"

拳 王 阿 里

《拳王阿里自传》（1975）

穆罕默德·阿里 口述，理查德·德拉姆 笔录

《拳王阿里读本》（1998）

杰拉德·艾利 编著

《世界之王：穆罕默德·阿里和一位美国英雄的诞生》

（1998）

大卫·瑞姆尼克 著

《悼念：穆罕默德·阿里，1942—2016》（2016）

《体育画刊》出品

>>>> ✧ <<<<

　　毋庸置疑，他形容得很准确：他是能"给闪电戴上手铐""将霹雳投入监狱"的"拳坛宇航员"；他是"有着铁拳和美丽的黝黑皮肤"的耀眼战士；也是出拳快到"穿过飓风而不被淋湿"的"永远最伟大的斗士"。

　　穆罕默德·阿里不仅用他在拳击场上电光石火般的速度和力量征服了世界，也以他的信念震撼了世界：他决心对抗南部盛行的种族隔离制度，并坚持他拥有创造自己的自由——

"我不必成为你想要的。我要成为我想要的。"

在反种族主义运动"黑人的命也是命"（Black Lives Matter）发起之前几十年，他便自豪地宣称"我是美国人"："我的部分理念也许你不接受，但我并不在意——我是黑人，我自信，我骄傲，我的名字，不是你的；我的信仰，不是你的；我的目标，只属于我，与其他人无关。"他与马丁·路德·金并肩而战，为自由和社会正义而奋斗。他挺身而出反对越南战争，1967 年，他以宗教为由拒服兵役。这一决定让他失去了"拳王"头衔，还为此耽误了黄金时期三年半的职业生涯，数千万美元的奖金和代言以及多年来积攒的人气也化为乌有。

阿里是一个富有传奇色彩的人物：他不仅是万众瞩目的明星运动员，也是一个敢对强权直言不讳的心怀良知的人，同时还是一名极富魅力的表演者、诗人、哲学家、表演艺术家、政治家、嘻哈先锋，他与惠特曼、罗伯逊、马尔科姆·艾克斯、艾灵顿、卓别林并驾齐驱。作家们被他身上的矛盾性深深吸引：他是 GOAT（历史最佳），击败了一些地球上最坏的人，却成为全世界最受尊敬的人道主义者之一；他是一个虔诚的宗教人士，却喜欢恶作剧，还发明了垃圾话；正如奥巴马所说，"即便在一个激进的时代，他也是一个激进分子"，他深受不同政治派别的美国人的喜爱，在 DC 漫画公司出版的一本漫画书中，他与超人联手拯救了世界。

多年来，阿里激发了大量优秀文学作品的诞生。诺曼·梅勒对阿里 1974 年在扎伊尔击败乔治·福尔曼的那场举世震惊的胜利的记述堪称经典；大卫·瑞姆尼克的《世界之王》极具感染力地讲述了阿里在美国政治和文化中作为一个变革性人物的出现。还有众多才华横溢的作家写了很多关于阿里的令人难忘的文章，包括乔伊斯·卡罗尔·欧茨、乔治·普林顿、汤姆·沃尔夫、亨特·S.汤普森和罗杰·卡恩等，其中很多文章被收录在一本精彩的选集《拳王阿里读本》中。

至于阿里的标志性照片，很多都出现在《体育画刊》出品的《穆罕默德·阿里，1942—2016》中。这些照片精准捕捉了拳手何塞·扎雷斯形容阿里的"他巨大的魔力"：有一张著名的照片，获胜后的阿里站在索尼·利斯顿轰然倒下的身躯旁；一张是经典的"丛林之战"——对战乔治·福尔曼，抓拍到阿里用有力的右手击中福尔曼的瞬间；还有一张照片，在"马尼拉之战"中，阿里与精疲力竭的乔·弗雷泽冷酷地对峙着，这一场景被镜头定格。还有其他一些照片——瘦弱的 12 岁的卡修斯·克莱 [1] 正在学习拳击；被记者团团围住的阿里神情肃穆，解释着自己反对越南战争的立场。

这些书提醒我们，坚持不懈是阿里一生中一个始终如一的主题：遭美国政府流放后，他王者归来，1974 年，他在扎伊尔顶住福尔曼的挑战，重夺世界冠军；在输掉首场鏖战后，他重振旗鼓，两次击败弗雷泽；1978 年，阿里对战里昂·斯宾

---

[1] 阿里原名。

克斯，第三次获得世界重量级拳王冠军。正如阿里曾说过的：
"冠军不是诞生在体育馆里，而是来自人的内心。成就冠军的
是渴望，是梦想，是愿景……意志必须强于技能。"

卡修斯·克莱在肯塔基州的路易斯维尔长大，这个小镇
一直实行种族隔离制度，即使1960年奥运会结束后，他脖子
上挂着金牌回到家乡，也曾被一家小餐馆拒之门外。35年后
的1996年，他作为"压轴"火炬手重返亚特兰大奥运会，那
时，他已经成为全世界最受尊敬的人之一。

阿里于2016年6月3日去世，当他的葬礼车队经过该市
时，哀悼者将鲜花和玫瑰花瓣撒向他的灵车。据《路易斯维
尔信使报》报道，一路上的草坪被修剪整齐，车道也被打扫得
焕然一新，以示人们对这位伟人的尊敬——送他最后一程。

《经历：回忆录》

（2000）

马丁·艾米斯　著

　　如果你父亲是知名小说家，你也从小渴望成为小说家——这样的成长过程是什么感觉？马丁·艾米斯在出版于2000年的《经历》里，饱含幽默和深情地回答了这个问题。身为小说家，他以出色的情感细节重现了昔日时光，凭借敏锐的文学洞察力和持久的爱意，描绘了一段动人的父子关系。

　　任何熟悉艾米斯父子作品的读者都能发现他们的写作之间的关联。两人早期都是"愤青"，天生脾气古怪，极尽讽刺挖苦。在两人的经典小说中，主人公都具有软弱无能、自欺欺人的特点（金斯利·艾米斯《幸运的吉姆》中的吉姆，马丁·艾米斯《金钱：绝命书》中的约翰·塞尔夫和《信息》中的理查德·塔尔）。两人都顺利践行了老艾米斯的信条："一个真正的作家应当什么都能写，无论是复活节的布道词还是威士忌的宣传单。"

　　多年过去，马丁·艾米斯的作品在创新和野心上都超越了父亲的作品。《伦敦场地》（1989）是一部以颓废的末日般的

《经历》以出色的情感细节重现了昔日时光，凭借敏锐的文学洞察力和持久的爱意，描绘了一段动人的父子关系。

世界为背景的黑暗讽刺小说，而震撼人心的《会议屋》（2006）则讲述了令人望而生畏的占拉格集中营。如果说这些小说证明了他处理宏大历史题材的意愿，以及对新的表达方式、文学类型和写作技巧的大胆尝试，那么《经历》则给他的作品带来了新的温暖和情感深度。

做金斯利·艾米斯的儿子肯定不容易。老艾米斯在1991年出版了一本酸溜溜的回忆录，不仅翻了一连串文坛上的旧账，而且描绘了一个易怒、严苛的乖戾之人，就像他自己的自画像。金斯利·艾米斯在接受采访时，描述自己看不下去儿子的书，说他的政治主张是"危险的、咆哮的废话"。

"我父亲从来不鼓励我写作，从来不邀请我追求那遥不可及的事，"马丁·艾米斯在《经历》一书中写道，"他表扬我的次数比公开批评我的次数少。"①

---

① 艾黎译：《经历》，上海：上海译文出版社，2018年。

马丁·艾米斯暗示他父亲的一些煽动性的政治言论只是"故意惹恼我"的小手段而已，在《经历》一书中，他表达了年少的自己与父亲之间一段有趣亲切的关系——"一个说话拖长了声音，穿着丝绒西服和蛇皮纹的靴子"的少年，养成了一种荒谬的"从容漫步"的气质——而当时年富力强的金斯利则精力旺盛，沉迷女色，酗酒，健谈，在家里就像个永不枯竭的"喜剧发动机"。

多年以后，马丁几乎每个星期天都带着两个年幼的儿子到父亲家吃午饭，在工作日时，还会和父亲一起吃一顿喋喋不休的晚饭。1993年，当他为了另一个女人离开妻子时，他向父亲寻求安慰和建议。"只有对着他，"他写道，"我才能坦白我感觉有多糟，身体上的疲累，内心的茫然、惶惑、麻木，感觉不像是正常人，一旦想努力让我的脸看起来诚实、善良、清醒，身体都会不由自主地退缩发抖。只有对着他，我才能谈论我的所作所为对孩子们的影响。因为他对我这么做过。"

金斯利一直饱受黑夜恐惧症（害怕夜晚）和孤独恐惧症（害怕独处）的困扰。随着他和伊丽莎白·简·霍华德（为了这个女人，他抛弃了马丁的母亲）的婚姻瓦解，马丁和其兄弟开始轮流照顾他，并向他保证永远不会让他独自一人度过漫漫长夜。

在《经历》一书中，马丁·艾米斯令人信服地写下了许多事——文学界的友谊和纠纷，挚爱表亲的失踪和被害，牙科手术的恐怖。但这本书最令人难忘的是——"这一次，没有任何技巧"——他写下日常生活中"普通人的奇迹和普通人的灾难",以及身为人子和身为人父,分别意味着什么。

《小城畸人》

（1919）

舍伍德·安德森　著

很难想象，还有哪一本美国小说能比舍伍德·安德森发表于 1919 年的《小城畸人》更具影响力。《小城畸人》是一本相互关联的故事集，描述了一个虚构的美国中西部小城里孤独居民们的生活百态。

福克纳、菲茨杰拉德和斯坦贝克都曾向舍伍德·安德森致敬。福克纳的《去吧，摩西》，海明威的《我们的时代》，雷·布拉德伯里的《文身人》，以及蒂姆·奥布莱恩的《士兵的重负》，这些迥然不同的作品都借鉴了《小城畸人》独树一帜的结构；卡森·麦卡勒斯和弗兰纳里·奥康纳的小说中处处可见的浪子和怪人，让人想起《小城畸人》中那些无家可归、孤独无依的人。安德森的这本经典之作也直接或间接地令许多当代作家笔下的故事和小说受益匪浅，比如乔治·桑德斯、雷蒙德·卡佛、丹尼斯·约翰逊、罗素·班克斯和汤姆·佩罗塔。

和乔伊斯发表于 1914 年的《都柏林人》一样，《小城畸人》中的所有故事都发生在同一个小城，书中刻画了一群郁郁不得志的普通人形象，在对过往的回顾中他们的梦想渐渐消失。《小城畸人》描绘了一个小城世界，人们在日复一日的生活中体会孤独，这反映了美国 20 世纪初期的一些大动态。它预见了社会日新月异的变化，越来越多的年轻人离开城镇，前往大城市及其郊区，城乡差距不断扩大。

安德森笔下的故事如同爱德华·霍珀[①]的画作，有一种暮气沉沉的情绪。同样地，它们都描绘了孤独的个体，错过的关系和失去的机会似乎定义了他们的人生。全书多达二十多个人物，其中有里菲医生——一个上了年纪的医生和鳏夫，他总在小纸片上草草写下自己的想法并塞进口袋，但最终又把它们丢掉；一个孤独的年轻女人名叫爱丽丝，她对早已抛下她远走高飞的男友念念不忘；镇上的电报员沃什·威廉姆斯，他"以诗人的恣意放任，全身心地厌恶人生"；柯蒂斯·哈特门牧师，从窗口暗中窥探一个漂亮女人，又祈求上帝能助他从诱惑中脱身；凯特·斯威夫特，学校教师，也正是牧师觊觎的对象，她一直鼓励年轻的主人公乔治·威拉德去追求自己的文学抱负；乔治·威拉德的母亲伊丽莎白经营着一家破旧旅馆，她重病缠身，处境艰难，在儿子身上倾注了所有的希望和梦想。

乔治·威拉德长大成人的故事是贯穿全书的线索。他是当地报社的记者，书中很多人物都十分信任他。他不仅是通向

---

① 美国著名"写实派"画家，以描绘寂寥的美国当代生活风景闻名。

其他人物故事的桥梁，还是安德森本人的化身，因为安德森就成长于俄亥俄州的一个小城。

母亲去世后，乔治决定"离开小城前往某个城市，希望在当地的报社找一份工作"。他不愿像他认识的许多人一样被困在小城，不希望老师在他身上看到的"天才之光"就此熄灭。正如许多成长小说一样，在故事的结尾，主人公离开家乡，登上了往西的火车——可能是开往芝加哥——"踏上生活的冒险之旅"。

《极权主义的起源》

（1951）

汉娜·阿伦特　著

　　汉娜·阿伦特在她 1951 年出版的《极权主义的起源》中评论道，在 20 世纪，人类历史上两个最骇人听闻的政权登台掌权。二者的统治都建立在真理毁灭的基础上——在犬儒主义、厌倦和恐惧的共同作用下，人们容易被那些一心追求绝对权力的领导人的谎言和虚假承诺所影响。"极权主义统治的理想对象，"她写道，"并非坚定不移的纳粹分子，而是那些分不清事实与虚构（即经验的现实），也分不清真与假（即思想的标准）的人。"

　　令当代读者惊恐的是，阿伦特的文字越来越不像是来自上个世纪的报道，而像是对我们今天所处的政治和文化景观的真实反映——例如，据《华盛顿邮报》统计，在白宫任期的 3 年内，特朗普发布了超过 16241 条虚假或误导性的声明与主张。

　　民族主义、本土主义、混乱、对社会变革的恐惧，以及对外来者的蔑视再次抬头。被困在孤岛和"过滤气泡"[①]里

----

① 过滤气泡（the filter bubble），一个专有名词，类似"信息茧房"。

的人们正在失去共享现实感，以及跨越社会和宗派相互沟通的能力。

我并非要把现今的种种情形和二战时期的极度恐怖进行直接类比，而是着眼于一些处境和态度——玛格丽特·阿特伍德将其称为奥威尔的《1984》和《动物农场》中的"危险信号"——它使一个民族容易受到煽动家和独裁者的影响，使国家易受专制的掌控。

关于极权主义运动瓦解传统政治和道德认知的"隐藏机制"，以及极权主义政权掌权后所表现出的行为，以下是阿伦特的一些基本观点：

※ 一个早期的预警信号是国家废除避难权。阿伦特写道，处心积虑地剥夺难民的权利，像携带"致命疾病的病菌"，因为一旦"法律面前人人平等的原则"被打破，"国家就更难抵制住剥夺所有公民合法地位的诱惑"。

※ 据阿伦特观察，极权主义运动的领导人"永远不会承认错误"，而那些狂热的追随者愤世嫉俗，极易上钩，会习惯性地对他们的谎言置之不理。这些受众渴望有简单易懂的叙述来解释这个混乱的世界。他们"不相信自己的双眼和耳朵"，并且对"逃避现实"之类的宣传持欢迎态度，这一宣传抓住了人们的心理——"随时准备相信最坏的一面，无论那有多么荒谬，并且不是很反对被欺骗"——因为他们"坚持无论

如何，每一项声明都是谎言"。

※ 阿伦特指出，由于极权统治者渴望完全控制，他们倾向于掌控功能高度失调的官僚机构。一流的人才被"疯子和傻瓜"所取代，他们"缺乏智慧和创造力，这一点却是他们忠心的最佳证明"。"迅速而惊人的政策变化"常常出现，因为忠诚才是至关重要的，而非表现或效能。

※ 阿伦特补充说，为了使追随者对正朝着遥远目标前进的运动有归属感，他们会不断地提出新的对手或敌人："一旦一类人被清除，就可能对另一类人宣战。"

※ 阿伦特还观察到，极权政府的另一个特征，是对于"常识和私利"的反常蔑视：谎言、虚伪以及对事实的否认推动了这一立场的形成，并被妄自尊大的领导者奉为圭臬。他们急于相信失败可以被否认或消除，"疯狂到丢弃一切有限和局部的利益——经济、国家、人类、军事——只为构建一个纯属虚构的现实"，这让他们拥有"一贯正确"的权威以及绝对权力。

《极权主义的起源》是一本必读书目，因为它不仅提醒我们极权政府在 20 世纪犯下的滔天罪行，还敲响了令人不寒而栗的警钟，让我们警觉那些可能助长未来极权主义运动的趋向。这本书强调了异化、无归属感和经济不确定性是如何使人们易受暴君散布的谎言和阴谋论的影响的。它展示了煽动家如何将偏见和种族主义武装化，推动建立在部落仇恨基础上的民粹运动，同时动摇旨在保护我们自由和法治的长期制度，粉碎共同的人性理念。

《使女的故事》

（1985）

玛格丽特·阿特伍德　著

　　经久不衰的反乌托邦小说不仅能回顾历史，同时也能前瞻未米。奥威尔的《1984》，既是对极权统治的强烈讽刺，也是对专制暴政的永恒剖析。它预言了监管国家的出现，有些政权每天都在喷出"谎言的水龙"，企图重新定义现实。阿道司·赫胥黎的小说《美丽新世界》在 20 世纪 30 年代就反映了作者的忧虑——个人自由受到流水线式资本主义的威胁，同时，该小说预见了在技术驱动的未来，人们将在琐事和娱乐中麻醉至死。

　　《使女的故事》发表于 1985 年。在创作这本小说时，玛格丽特·阿特伍德决定，她的小说里不会有任何在全球历史上"未曾发生过的事"，或任何"尚未成形"的技术。通过她在 70 年代和 80 年代初的所见所闻，她推断出了一些趋势（比如美国的宗教激进主义运动），还回顾了 17 世纪清教徒"反女性"的偏见，总结了历史上的恐怖事件，比如纳粹的"生命之源"计划，以及诸如沙特阿拉伯等国家的公开处刑，从而描述了基

Margaret Atwood

The Handmaid's Tale

列共和国——一个她预想会在不远的将来接管美国的反乌托邦政权——的罪恶机制。

我们很多人初次读到《使女的故事》是在 20 世纪 80 年代，阿特伍德笔下那些发生在基列共和国的桩桩件件，像是只会发生在远古时期和穷乡僻壤的骇人听闻之举。然而到了 2019 年，大量活生生的现实占据了美国的新闻报道——孩童被迫离开父母的怀抱，总统公然发表种族主义言论散播仇恨，地球上的生命正日渐受到气候加速变化的威胁。

在《使女的故事》中，美国的民主性规范和宪法保障是如何发生质变，从而转变为独裁主义的基列共和国的呢？在基列国，女人被当成"行走的子宫"；非白人居民和异教徒（这里包括犹太人、天主教徒、贵格会信徒、浸礼会教徒，以及任何不认同基列国极端宗教激进主义的人）不是被重新安置，就是遭到流放，或是彻底消失；统治阶级有意用性别、种族和阶级来割裂国家。这一过程在普通公民还未觉察时就早已开始了。阿特伍德书中的女主人公，奥芙弗雷德就是普通公民中的一员。她回忆道："我们一如既往，视而不见地生活着。视而不见不同于无知，你得下点功夫才能做到视而不见。"

"一切都不是瞬间发生的，"她继续说，"就像温水煮青蛙。你还没回过神来，就已经被活活烫死了。"

事实上，《使女的故事》中最令人恐惧的情节发生在小说开头。奥芙弗雷德和她外出购物的同伴奥芙格伦经过那面墙——这曾是一所位于马萨诸塞州剑桥市 [1] 的著名学府的地标，然而，现在它被基列国统治者用来陈列以叛徒罪名被处决的人的尸体。她看到那儿悬挂着六具新的尸体，想到她们的看守人莉迪亚嬷嬷说过的令人气馁的话语。"所谓正常，"嬷嬷说，"就是习惯成自然。眼下对你们来说，这一切可能显得有些不太正常，但过一段时间，你们就会习以为常，见怪不怪了。"

在网络平台 Hulu 根据小说改编的电视剧集《使女的故事》第二、第三季中，奥芙弗雷德并不是抵抗运动的杰出领袖；她既不像她朋友莫伊拉那样叛逆，也不像她的母亲那样是个思想上的女权主义者。如果一些读者觉得这个奥芙弗雷德过于消极，那么她的平平无奇恰恰能让我们直观地认识到，基列共和国的暴政如何影响着普通人的生活。

在 2017 年的一篇文章中，阿特伍德讲述自己以"目击者文学"的传统来书写奥芙弗雷德的故事——"目击者文学"指的是那些目睹了历史灾难的人留下的记录：战争、暴行、灾难、社会动荡、文明的转折时刻。这类书籍包括安妮·弗兰克 [2] 的日记、普里莫·莱维 [3] 的著作、诺贝尔文学奖得主斯维

---

① 哈佛大学、麻省理工学院均位于此。
② 生于德国法兰克福的犹太女孩，二战犹太人大屠杀中最著名的受害者之一。《安妮日记》是二战期间纳粹德国灭绝犹太人的见证，被翻译成多国文字。
③ 意大利籍犹太化学家和作家，纳粹大屠杀的幸存者，代表作为《被淹没和被拯救的》。

特拉娜·阿列克谢耶维奇[①]通过对俄罗斯人民的深入采访整理的历史，这些书记录人们在二战、切尔诺贝利事故或阿富汗战争期间的日常生活。阿特伍德仿佛在暗示，女主角并不需要像圣女贞德一样拥有远见卓识，或是像凯特尼斯·伊夫丁[②]、莉斯·萨兰德[③]那样具备武士技能，她们还有其他方式可以反抗暴政，例如参与反抗运动，或帮助确保历史记录的真实性。

阿特伍德认为，写作或记录个人经历的行为本身就是"一种保存希望的行为"。就像被扔进大海的漂流瓶中的信息一样，证人指望在某地的某个人能够读到他们的证言——哪怕对方是为《使女的故事》及其 2019 年续作《证言》讲述了讽刺式后记的那些自大短视的基列国学者[④]。

阿特伍德很清楚，"证言山"是圣经词典对"基列"一词的定义之一。在证明自己的亲身见闻时，奥芙弗雷德留下一段叙述，这对基列国的官方说法是一个挑战。她用自己的方式讲述自己的故事，勇敢地反抗了政权压制女性的企图。

[①] 2015 年诺贝尔文学奖得主，代表作有《切尔诺贝利的悲鸣》《我是女兵，也是女人》。

[②] 电影《饥饿游戏》女主角，身手了得，擅长射箭。

[③] 电影《龙文身的女孩》女主角，顶尖黑客出身，战斗力强。

[④] 小说《使女的故事》与《证言》的最后一章为基列国学者关于基列研究专题所开研讨会的会议记录，分别是第十二届和第十三届研讨会的记录。

《奥登诗选》

W.H. 奥登 著

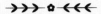

在"9·11"恐怖袭击之后的日子里，W.H. 奥登的诗《1939年9月1日》通过电子邮件和传真广为流传。这首诗最初是为了回应希特勒入侵波兰和二战在欧洲的爆发而写的，后来经各大报纸转载并在国家公共广播电台朗读，在网上引发了讨论。在唐纳德·特朗普赢得 2016 年大选并于次年 1 月就职后，奥登的诗再次被广泛分享并引起大规模争论。

奥登本人已宣布放弃这首诗，以及一些他认为油滑、笨拙或左翼青年时代遗留的早期作品。但这首诗却持续引发读者的共鸣，因为它唤醒了一个危险的历史时刻。奥登写道，"愤怒和恐惧的电波"席卷了"地球上黑暗的土地"。他描写了人类无法从历史中吸取教训的悲剧——"被赶走的启蒙运动"——以及我们似乎注定要一次又一次地遭受"混乱的管理和悲伤"。与此同时，与马修·阿诺德①的《多佛尔海滩》一样，奥登也在人际联系的可能性中寻找希望，在一个被"否定与绝望"

---

① 英国诗人及评论家，曾任牛津大学诗歌讲座教授。《多佛尔海滩》是阿诺德最著名的抒情诗之一。

包围的世界中寻找"呈现一束坚定的光芒"的冲动。

奥登创作于 20 世纪 30 年代的诗歌关注公众和个人的交集，同时也证明了他有人类学家的天赋——当世界危在旦夕时观察人们的担忧和恐惧。这些诗中笼罩着法西斯的阴霾，大萧条对社会造成的破坏，反映了末日的预言，让人想起叶芝的《二度圣临》（本世纪第二个十年在社交媒体上被广为传播的另一首诗）。

在 1935 年的《生日贺词》中，奥登写道，无线电波咆哮着"它的警告和谎言"，并指出，即使是住在美丽海滨小镇的人也将很快被"危险的、永不沉睡或死亡的历史洪流"卷走。1938 年，《慕尼黑条约》签署后不久，奥登就在《美术馆》一诗中写道，日常生活中人们是多么容易遗忘他人的痛苦，忘却灾难的存在。

奥登于 1939 年移居美国，此后他的诗作逐渐聚焦在对精神和情感的关注上。虽然他声称"诗歌无济于事"，但他的诗将继续见证这个"焦虑的时代"，甚至在一个民族感到"各为自己的恨所隔开"以及"智能所受的耻辱 / 从每个人脸上透露 / 而怜悯的海洋已歇 / 在每只眼里锁住和冻结"[1]之时，依然能佐证艺术无限的可能性及其给人类带来的慰藉。

---

[1] 穆旦译：《英国现代诗选》，长沙：湖南人民出版社，1985 年。

《大陆漂移》

（1985）

罗素·班克斯 著

虽然罗素·班克斯的这部史诗般的小说《大陆漂移》早在1985年就出版了，但当21世纪的第二个十年拉开序幕之时，它讲述的"一个美国故事"却极像是发生在当下。这部小说让我们想起古老美国梦的力量——也就是在新世界开始新生活，以一张白纸的身份重塑自己的可能性。小说预示了难民和工薪阶层的美国人之间日益紧张的关系，前者渴望到达美国以逃避本国的暴力和绝望，后者则发现自己不但渐渐失去了经济保障的希望，子女拥有更加光明未来的期盼也变得遥不可及。

小说中的两个中心人物，鲍勃和万妮斯，他们的人生轨迹将会发生激烈的碰撞。他俩实际上有很多共同点：都是深陷绝望的被剥削者，都决心用全副身家赌一个更好的未来。

如同班克斯笔下的很多主人公一样，鲍勃·杜布瓦来自新英格兰一个工薪阶层为主的小镇，班克斯将他描述为"一个平平无奇的人，一个正派的好人，一个随处可见的人"。

30 岁时，他拥有了一套破旧的复式公寓，一艘由配套组件装配而成的 13 英尺[①] 长的波士顿捕鲸船，还有一辆破烂不堪的雪佛兰旅行车。他还欠着当地储蓄银行 22000 多美元的贷款——为了买房、买船、买车。"我们生活得很好。"他的妻子伊莱恩坚持道，但鲍勃却日益沮丧，陷入困境，"和昨天相比毫无改进"，他开始担心自己永远无法实现哪怕是最卑微的梦想。

一天，他突然把家搬到了佛罗里达州，很快就和自己精明的弟弟埃迪，以及臭名昭著、从事贩毒的童年伙伴埃弗里做起了生意。对于班克斯笔下的人物而言，佛罗里达就像纳撒尼尔·韦斯特[②]和雷蒙德·钱德勒[③]笔下的加州一样——一个破败、危险的地方，这里的人完全不把规则当回事。它就像一块磁铁，吸引着梦想家、骗子、皮条客和无处可去的人。在这里，古老的拓荒者精神已经退化为一种"以我为先"的个人主义，勇气、狂妄和好运才能让你发财。然而，鲍勃却陷入了不幸的旋涡——他住在一个拖车场里，甚至失去了工作和房子——曾给他在新罕布什尔州的生活带来些许稳定的东西。

由于急需用钱，鲍勃同意帮忙从巴哈马群岛运送一些海地难民到迈阿密。自此，他的生活天翻地覆。他认识了一个名

---

① 1 英尺约等于 0.3 米，13 英尺约合 3.9 米。
② 美国著名作家、编剧。代表作有《寂寞芳心小姐》与《蝗灾之日》。
③ 美国著名推理小说作家、电影编剧。代表作有《漫长的告别》《长眠不醒》。

叫万妮斯的年轻海地女人，一场飓风摧毁了她住的房子，她只好带着尚在襁褓中的孩子和侄子动身前往美国。她想象着在美国"一切都会不同"，但却遭到了"蛇头"①的百般虐待。

班克斯不仅给了这些将万妮斯和鲍勃衔接起来的故事一个可怕的必然性，还将它们变成了属于我们这个时代的黑暗故事。

---

① 偷渡者被称为"人蛇"，因此组织偷渡的人又称"蛇头"。

索尔·贝娄作品

《奥吉·马奇历险记》（1953）

《赫索格》（1964）

《真情》（1997）

>>>> ◇ <<<<

  索尔·贝娄令人印象最深的小说都在描摹那些试图找到自己在世界中的定位的个体。正如他在《赫索格》中所写的那样，"做一个男人是什么意思。在一个城市里。在一个世纪里。在转变之中。在一群之中。受到科学的改造。被有组织的力量所压服。臣服在强大的控制之下。处于机械化所产生的环境之中。在基本的希望最后破灭之后。"①

  虽然贝娄笔下的主人公大多生活在 20 世纪中后期，但他们的生存困境即使在今天也依然存在。在美国的他们陷入充满灾难、欺诈游戏和廉价娱乐的现实中，奋力在沉浸于"愚蒙地狱"和更为原始的自我领域之间找到平衡。他笔下一些"晃来晃去的人"怀疑日常生活中所有"人类的废话"——从政治到商业再到爱情，阻碍了他们对宇宙更大真理的理解——"真理、爱、和平、慷慨、有益、和谐"的"轴心线"。但也

---

① 宋兆霖译：《赫索格》，北京：人民文学出版社，2016 年。

有一些人了解沉迷于自恋和孤独中的邪恶诱惑。例如，在《真情》中，哈里·特雷尔曼意识到，他过于主观的才智和对上流生活的渴望正是使他脱离人性与爱的原因。

每一位读者都有自己最钟爱的贝娄小说。在我看来，堪称叙事的奇迹、最能清晰体现他典型主题的三部小说分别是：《奥吉·马奇历险记》（这部 1953 年发表的流浪汉小说标志着贝娄找到了自己特有的生动风格）；《赫索格》，一个人中年危机的精准写照，体现了在一个宗教信仰和意识形态的条条框框不复存在的日益原子化的时代，人类对于意义的探求；以及贝娄晚年创作的《真情》，一个伤感的、颇具詹姆斯风格[1]的故事，讲述的是一个人想要摆脱他当了一辈子的观察者的角色，让自己沉浸在（或至少是涉足）现实中，然而这努力为时已晚。

贝娄笔下的主人公都是一流的"觉察者"，他们时常因为世界的"泛滥"而不堪重负，他们想知道个人的不幸是否在某种程度上映照出"20 世纪大规模的疯狂"。他们过于在意死亡，这座大钟正在远处不断地滴答作响。

贝娄的文字在热情和抑郁之间轻松自如地切换。他像变戏法一样生动地赋予他笔下的主人公们——那些固执地生活在自己脑海里的人——忙碌的精神生活和日常生活方式，以及与所谓"现实导师"的接触。这些"现实导师"是各种推销员、骗子、

---

① 因作家亨利·詹姆斯而得名，指一种极其繁复的写作风格，多用长句，蕴含艰深的思想。

毒贩，驱使主角们清醒地认识生活。事实上，贝娄的小说证明他既能轻松应对宏大的、俄罗斯小说式的构思，同时又能运用他擅长描绘和叙述都市生活的天赋，描写"铁公鸡、吝啬鬼、疑病症患者、烦人精、仿真机器人"的日常恶作剧，以及占据他笔下繁忙而迷人的世界的酒吧喜剧演员们。

《形象：美国伪事件指南》

（1962）

丹尼尔·布尔斯廷　著

　　丹尼尔·布尔斯廷于 1962 年出版的《形象：美国伪事件指南》一书对特朗普时代我们身处的真人秀世界展现了惊人的前瞻。就此而言，这本书预见了某个酷似特朗普之人的降临：用布尔斯廷的话来说，是一个"因为有名而成名的人"，一个高谈阔论的表演者，除了自我推销和表演布尔斯廷口中的"伪事件"之外毫无技能——"伪事件"便是指那些旨在吸引公众眼球，激发观众渴望奇观和娱乐之心而人为制造的事件。

　　布尔斯廷描绘的 19 世纪的马戏团表演者和经纪人 P.T. 巴纳姆——他经营着纽约一家珍奇博物馆，里面都是一些天花乱坠的骗局，比如美人鱼（其实是把一只猴子的躯干和鱼尾缝在一起）——对于当代读者来说似曾相识：他自称"诈骗专家"，他的"伟大发现不是大众有多好骗，而是大众有多心甘情愿被骗"，只要是为娱乐服务。

　　通过讲述假象如何取代认知、广告如何取代内容，《形象》一书对无数作家的作品产生影响，从法国理论家鲍德里

在互联网崛起的几十年前，布尔斯廷就设想过"无法穿越的虚幻"，随着假新闻、阴谋论和政治宣传在互联网上不断扩散，它会越来越多地环绕在我们周围。

亚、居伊·德波到社会批评家如尼尔·波兹曼和道格拉斯·洛西科夫。在互联网崛起的几十年前，布尔斯廷就设想过"无法穿越的虚幻"，随着假新闻、阴谋论和政治宣传在互联网上不断扩散，它会越来越多地环绕在我们周围。

布尔斯廷写道，正如"形象"正在取代"理念"一样，"可信度"的概念正在取代"真相"的概念。人们关心的不是某件事是否属实，而是"相信这件事是否方便"。随着逼真性逐渐取代真实成为一种量度，"社会回报艺术"成了"让事物看起来真实的艺术"。因此毫不奇怪，麦迪逊大道的"广告狂人"①能成为 20 世纪 60 年代初的宇宙新霸主。预见到特朗普时代到来的共和党战略家李·阿特沃特在 20 世纪 80 年代辩称"感

---

① 20 世纪 60 年代，美国的广告业步入全盛时代，位于纽约曼哈顿的麦迪逊大道有数百家广告公司。2007 年，AMC 公司根据这段历史拍摄了美剧《广告狂人》（ Mad Men ），大受欢迎。

知就是现实"，他的委托人（以及许多共和党支持者）会买账，

这一点也就不足为奇了。

《虚构集》

（1944；英译本，1962）

豪·路·博尔赫斯 著

安东尼·克里根 编

阿拉斯泰尔·里德，安东尼·克里根，安东尼·邦纳，海伦·坦普尔，

鲁斯文·托德 译

　　博尔赫斯笔下奇妙的故事就如同埃舍尔的画作一般——那些令人神往、神秘莫测的场景，随处可见的曲径、镜子和迷宫，萦绕着一种超自然的神秘感。在这里，现实与想象的界限是模糊的，就像作家与读者、生活与艺术之间的界限一样。

　　博尔赫斯的《虚构集》在 1962 年被翻译成英语，书中预示了许多后来被世界各地作家采纳的后现代主义技巧。他的一些故事重塑了人们熟悉的小说类型，比如侦探故事，并把它们变成关于时间和因果本质的哲学沉思；一些故事则让我们领略各种怪诞诡奇：透明的老虎，能在一碗墨水里变出幻象的巫师，一本详细记载了各种虚拟世界的百科全书；一些故事似乎精准预言了令人眼花缭乱的互联网世界，我们将被滚滚而来的数据浪潮和五花八门的可能性淹没。

FICCIONES

JORGE LUIS BORGES

《小径分岔的花园》呈现了一种超文本小说——充满了分岔的小径和同时存在的交替未来。而《巴别图书馆》将宇宙描绘成一个无限的图书馆，包含了过去和现在所有的知识。"那里拥有一切：将来的详细历史，大天使们的自传……你死亡的真实记叙。"

　　1982 年，我有幸见到博尔赫斯本人，当时他在纽约人文学院做讲座。他是一个看似纤弱的腼腆绅士，声称自己无法想象生活在一个没有书的世界里。"我需要书，"他说，"它们是我的一切。"

　　他曾写道，他一生中最重要的东西是他父亲的图书馆。1955 年，他被任命为阿根廷国家图书馆馆长。随着视力逐渐衰退，他每天只能依靠家人、朋友和助手读书给他听。

　　博尔赫斯说，他最喜欢的作家是卡夫卡、威尔斯[①]和切斯特顿[②]，暗示自己对于和他同样"对各种事物感到惊奇"的小说作者更有亲近感，而不是那些所谓的先锋作家和理论家。

　　刚开始写作时，他的行文是巴洛克风的。如今，就像他在 1982 年说过的那样，"我尝试用非常简单的词语写作。年轻时，我曾认为可以创造隐喻。现在，我只需要'星辰和眼睛、

[①] 赫伯特·乔治·威尔斯，英国著名小说家，与儒勒·凡尔纳并称为"世界科幻小说之父"，以小说《时间机器》开启了"科幻小说诞生元年"。
[②] G.K. 切斯特顿，英国作家、文学评论家，被誉为"悖论王子"。代表作《布朗神父探案》是英国著名推理小说之一，首开以犯罪心理学方式推理案情之先河。

生活和梦、死亡和睡眠、时间和河流'少数几个隐喻就够了。"

　　他补充道，因为多年前对母亲的许诺，所以他一直坚持每天晚上都念主祷文。"我不知道那一头是否有人，但作为一个不可知论者意味着相信一切皆有可能，甚至是上帝的存在。这个世界太神奇了，任何事都有可能发生，也可能不会发生。作为一个不可知论者，我生活在一个更广阔、更未来主义的世界里。这使我更加宽容。"

飞蛾[1]出品

《所有奇迹：面对未知的真实故事》

（2017）

凯瑟琳·伯恩斯 编著

　　讲故事的高手"飞蛾"由作家乔治·道斯·格林创立于1997年，它的名字源自他在佐治亚州圣西蒙斯岛长大的记忆——邻居们会在深夜聚集在朋友家的门廊上，一边讲故事，一边喝着波旁威士忌，而飞蛾通过破损的隔板飞进屋里，围着门廊的灯打转。"飞蛾"后来成为荣获皮博迪奖[2]的广播节目，并发展为其艺术总监凯瑟琳·伯恩斯所说的"一场现代的讲故事运动"，激励了"全球各地成千上万个节目的诞生，包括塔吉克斯坦、南极洲和阿拉巴马州伯明翰"。

　　参与者包括著名作家理查德·普莱斯、乔治·普林顿、

---

① "飞蛾"（The Moth）是美国一个非营利组织，在美国各地组织"故事会"，现场邀请普通人或名人来讲述真实的故事。
② 美国广播电视文化成就奖（Peabody Award），由乔治·皮博迪创立于1940年，是电子媒体中历史最悠久、最具权威性的奖项之一。

安妮·普罗克斯和克里斯托弗·希钦斯等，以及各行各业的人——科学家、作家、教师、士兵、牛仔、喜剧演员和发明家，还有无数其他人。这些故事是"真实的，正如讲述者记忆中的一样"，而且是现场表演。

《所有奇迹：面对未知的真实故事》中收录的45个故事被完美地呈现到了书页上。这些故事记录了人类经历的惊人变化和阵痛，以及把我们串联在一起的爱与失、恐惧与善意。有些故事急切而质朴；有些故事含蓄而诙谐；有些故事令人捧腹大笑；有些故事令人肝肠寸断。不过，尽管这些故事的语气和语调大相径庭，但几乎没有讽刺或尖刻的话。故事旨在与观众交流，分享一段经历、一份记忆、一个优雅的时刻。

口述故事的传统可以追溯到《荷马史诗》，"飞蛾"的故事可以被视为该传统的一部分，但是这些故事的个人特质——以及自然生发的氛围——同样归功于单口喜剧、博客、脱口秀趣闻轶事和群体互助治疗。然而，它们并不是随意的回忆，而是突出焦点、精心调整的故事。它们具有令人顿悟的力量，以惊人的坦诚和热情传达或熟悉或惊奇或陌生的事件。

《不寻常的常态》这个故事讲述了伊什梅尔·比阿——他在塞拉利昂战争中失去了家人，十三岁时成为一名童兵——在十七岁时被一名美国妇女收养，以及他如何努力融入纽约的学校经历。例如，他没有告诉他的新同学自己擅长彩弹游戏[1]的

---

[1] 在彩弹游戏中，参加者模拟两军作战，用气枪互射彩弹。

原因："我想解释些什么，但我害怕一旦知道我的背景，他们就不允许我当一个孩子了。他们会视我为成年人，我担心他们会怕我。

"正因为我缄口不言，我才能去体验一些事情，参与我的童年，去做一些我小时候没能做的事情。"

还有一些故事围绕着两个人物的关系展开：科学家克里斯托弗·科赫和他的长期搭档弗朗西斯·克里克（克里克和詹姆斯·沃森一起发现了DNA结构）；斯蒂芬妮·佩罗罗和她的儿子RJ，RJ在一个视角盲区的十字路口发生车祸后遭受了脑外伤；演员约翰·特托罗和他住在皇后区克里德莫精神病中心的爱惹麻烦的哥哥拉尔夫；苏西·罗森，一名来自伦敦郊区的美发师，她给年轻时的大卫·鲍伊①剪了头发，参加了他的巡演，后来成为一名音乐制作人。

其中最感人的故事之一是卡尔·皮列特里的《难以置信的迷雾》。2011年，一场毁灭性的地震和海啸袭击了日本福岛第一核电站，导致了自切尔诺贝利以来最严重的核灾难。这场地震造成18490人死亡或失踪，30多万人撤离。

在一一确认工作人员和同事的安全后，皮列特里开始担心那个经营餐馆的老太太，他每周在她的餐馆吃五六次饭。他不会说日语，她也不会说英语，他和他的朋友们亲切地称呼她为"鸡肉太太"。她的餐馆所在的大楼在地震中严重开裂，她

---

① 英国摇滚歌手、演员。

也不知所踪——甚至几个月后，皮列特里从美国回到隔离区寻找她，仍是一无所获。最终，他在《日本时报》的帮助下找到了她，得知她的名字是小和田太太。

地震发生近一年后，他收到了她的来信："我从地震中幸免于难，每天都过得很好。皮列特里，请好好照顾自己。我知道你的工作一定很重要。我希望你能享受快乐的生活，就像你每次来到我的餐馆时那么快乐。尽管我无法见到你，但我会永远为你祈祷，祝福你一切都好。"

《鼠疫》

（1947）

阿尔贝·加缪 著

斯图亚特·吉尔伯特 译

　　经久不衰的经典作品不仅表现了作者当时所处的环境，而且能跨越几十或几百年的历史，分毫不差地预示我们现今的自身经历和外部世界。阿尔贝·加缪于1947年出版的小说《鼠疫》反响惊人，用加缪自己的话来说，这部小说既是一个关于传染病的故事，也是一个关于纳粹占领法国的寓言，一个"关于任何极权体制的预兆，无论身处何方"。

　　加缪是抵抗运动的忠实成员，他认为勇敢抵抗纳粹对法国的占领是道义的需要。受《白鲸》的启发，他想研究"恶"这个形而上学的问题，他的小说详细记录了各色人等对瘟疫突然降临奥兰城的反应，瘟疫就像"从一片蔚蓝的天空中"突然砸到他们头上。他描述了瘟疫流行的走向——人们的态度从否认到恐惧，再到坚持抗争——很多当代读者会认为这一点相当逼真：政府试图对来势汹汹的瘟疫进行低调处理，不断增长的死亡人数却使他们不得不实行隔离政策；由投机和混乱引发的"不平等感"和一种共同的孤立感展开竞争；而对于穷人而言，则是进一步的被剥夺。他描述了人们对医疗供给的担忧，每天想方设法觅食的艰辛，以及"虚度光阴的人"内心滋长的徒劳感。

加缪写道，长期单调乏味的隔离，可能会把人变成"梦游者"，他们使"自己沉迷于工作"，或是发现自己由最初几周的情绪高涨变得心灰意冷、无动于衷，对死亡人数统计日渐麻木。他说，对于那些经历过鼠疫的人而言，"鼠疫期间的恐怖日子"就像"某种怪物缓慢而蓄意地前进"，将它所经之处的 切都踩得粉碎。

和抵抗组织成员一样，加缪书中的主人公里厄医生认为"习惯于绝望比绝望本身更糟糕"，他还认为，城里的居民不该屈服于麻木和顺从的感觉。他们必须认识瘟疫的本质，并摒弃这种本能的观念，即认为这样的灾难在一个像他们这样现代的、所谓先进的社会中是"匪夷所思"的。

里厄医生明白，"不能向瘟疫低头"——不能向邪恶妥协，不能向命运屈服。他与瘟疫的受害者产生了共鸣——"分担了同胞们全部的忧患，并且把他们的处境当成自己的处境"。他也明白，"最重要的事情是尽可能多地挽救生命"。

最后，这场瘟疫见证了里厄医生和一群志愿者的奉献精神，他们冒着生命危险救助瘟疫受害者。里厄医生坚持认为他的工作算不上什么英雄事迹——这只是"起码的公德"，就他而言，其中就包括做好本职工作。

正是这种个体责任感，外加和他人的团结协作，使里厄医生牢牢坚持两条并不矛盾的真理：我们必须时刻保持警惕，因为"鼠疫杆菌"正如法西斯主义或暴政的毒害，"永远不会死绝，也不会消失"；我们也必须保持乐观的信念，"在瘟疫年代中我们学到的"是"人的内心里值得赞赏的东西总归比应该唾弃的东西多"①。

---

① 刘方译:《鼠疫》，上海：上海译文出版社，2013 年。

《权力之路：林登·约翰逊传》

（2012）

罗伯特·A.卡洛　著

　　罗伯特·A.卡洛曾说过，他真正感兴趣的不是写传记，而是写"政治权力研究"。此话不假，不仅因为他的第一本书就是《权力掮客：罗伯特·摩西斯和纽约的衰败》，还因为他潜心研究四十余年撰写的这部大作——翔实记录了美国第36任总统林登·贝恩斯·约翰逊的一生——迄今仍未完结。

　　截至2019年，卡洛还在写传记的第五卷，也可能是最后一卷，讲述的是约翰逊在越南战争中灾难性的处理方式。同时，卷四《权力之路》堪称传记的艺术典范，展示了卡洛身为作家的全部才能：他与生俱来的叙述本领，帮助读者感受历史进程的能力，以及将事件合理置于其所处时代背景的天赋。

　　随着约翰·F.肯尼迪遇刺，约翰逊骤然入主白宫。本书就从这里开始。这是美国历史上一个极其戏剧化和关键的时刻，卡洛发自内心地剖析了约翰逊在入主白宫时所面临的巨大挑战。

卡洛认为，首先，约翰逊必须给这个处于混乱和悲伤之中的国家灌输信心。冷战期间，古巴导弹危机已使局势十分危险，他需要展现给世界一种延续性。要做到这点，他必须说服肯尼迪政府的关键成员留下来，并团结起来支持他。他还不得不接纳众多对他持怀疑态度的人，其中包括质疑他对民权承诺的自由派人士，以及试图阻挠他社会发展计划的南方人。

约翰逊对于自身能调用的战术和战略手段了如指掌：他与国会权力掮客的私人关系，以及为达目的不择手段的霸凌、劝诱、讨价还价——卡洛认为，正是他身上的这些特质让约翰逊克服了曾经"阻挡社会正义的道路长达一个世纪"的"国会的阻力和南方的力量"。

卡洛带我们深入了解约翰逊是如何利用肯尼迪去世的危机和自身的政治智慧，促使国会通过前任在职期间陷于停滞的减税法案和民权立法，并为他革命性的"反贫困战争"奠定基础的。卡洛还利用他对约翰逊品性研究的多年积累——他的不安全感，他对失败的恐惧，他迎合上级和控制下级的需要——来审视他的性情在政界和政策制定中发挥的作用。

约翰逊以一个莎士比亚人物的面目崭露头角——他有着宏大的野心，也有着巨大的缺陷——同时他也是一个更为"人文尺度"的谜：出身贫寒、诡计多端、精明强干、冷酷无情、俗不可耐、理想主义、自负自怜，他还拥有巨大的能量，艾毕·福塔斯[1]曾经说过："这家伙有多余的腺体。"童年的经历铸造了他超强的自我意识以及对无权无势者和穷人发自内心的同情，它们驱使着他前进。在肯尼迪遇刺后的几个星期到几个月里，他能够克服自己的弱点和卑劣的本能，以一种"不仅是天赋的胜利，也是意志的胜利"的方式行事——用卡洛的话说，虽然这段时间并未持续很久，但也已经"足够长"了。

[1] 曾任美国最高法院大法官。

《追求幸福：好莱坞复婚喜剧》

（1981）

斯坦利·卡维尔 著

　　这本书将改变你观看好莱坞浪漫喜剧的方式。它会让你在《费城故事》《女友礼拜五》《淑女伊芙》等令人着迷的神经喜剧[①]以及《摘金奇缘》等近年的浪漫喜剧中看出莎士比亚戏剧的风格。它也会让你对几百年来喜剧中出现的一些经典比喻有新的理解，比如以危机为契机，来推动混乱和误会的解决（在悲剧中，同样的事件就变成了灾难的催化剂）。

　　20世纪30年代和40年代，好莱坞最光彩夺目的喜剧中不仅有热情洋溢的女主角，让人想起莎士比亚笔下的贝特丽丝和罗莎琳德，也有男女之间快速、诙谐的交流，让人想起《无事生非》中生动的玩笑。从冲突到混乱再到最终和解，这些电影的叙事进程在很多方面都与莎士比亚浪漫喜剧的结构相似。

---

① 又称疯狂喜剧、乖僻喜剧。在美国大萧条时期逐渐流行，并一直持续到20世纪40年代中期。

在《追求幸福》中，学者斯坦利·卡维尔用诺思罗普·弗莱[1]对剧作家作品的著名研究来支持自己的观点。卡维尔注意到弗莱呼吁"特别关注传统喜剧结尾要求的'原谅和忘却'这一情节的特殊性"，由此指出，《育婴奇谭》和《金屋藏娇》都明明白白地以大团圆收场，而《春闺风月》和《费城故事》也是象征性的大团圆结局。

在这些好莱坞喜剧片中，甚至还能看到《仲夏夜之梦》里的那种世外桃源，也就是弗莱所称的"绿色世界"（一个可置日常规则于不顾的地方）。卡维尔巧妙地指出，《育婴奇谭》《春闺风月》《金屋藏娇》和《淑女伙关》都曾在能够改造搭建和获取景观的偏远地方进行拍摄，而这些片子的取景地通常就在康涅狄格。

身为一名在哈佛大学任教了几十年的哲学家，卡维尔也许是自负而严厉的：他从康德的角度分析了弗兰克·卡普拉[2]，对比了利奥·麦凯利[3]和尼采，并在谈论《他的女友礼拜五》时提到了洛克的《政府论（第二篇）》。但请坚持下去——即使意味着需要略过这本书中最为晦涩的一些段落。卡维尔对霍华德·霍克斯的《育婴奇谭》中丰富的双关语做了妙趣横

① 加拿大文学批评家，20 世纪屈指可数的大师级思想家和理论家，代表作为《批评的剖析》。

② 著名导演，三获奥斯卡最佳导演奖，被称为"好莱坞最伟大的意大利人"，代表作为《一夜风流》。

③ 美国导演，主要作品有《春闺风月》《与我同行》等。

生的解释，并对《淑女伊芙》《金屋藏娇》和《春闺风月》中歌曲的含义进行了引人争议的考察。更重要的是，他鼓励我们去欣赏这些伟大的好莱坞电影的复杂性，以及它们对几个世纪前莎士比亚的《仲夏夜之梦》《冬天的故事》和《皆大欢喜》中开创的喜剧场景和技巧的精彩重塑。

《我们能谈点开心的事吗？》

（2014）

罗兹·查斯特 著

罗兹·查斯特笔下的人们整天忧心忡忡。他们担心自己过于愤怒或过于懦弱，过于爱出风头或过于被动，过于"消极对抗"。他们害怕开车，害怕小鸡。他们担心埃博拉病毒会出现在曼哈顿西八十三街。

在过去几十年里，她的大部分漫画都出现在《纽约客》杂志上，它们捕捉了当代生活的荒谬之处，以及那些因购物中心和户外活动而倍感紧张的市民的不安、神经质、生存焦虑和自我沉浸式的抱怨。

虽然，查斯特同时以讽刺作家和社会人类学家的身份进行创作，但她的作品长期取材于她作为女儿、妻子和母亲的经历，表现出自传体的倾向。在她2014年问世的书《我们能谈点开心的事吗？》中，她以幽默率直的笔触讲述了她的父母——以及自己为帮助他们应对年老体衰的困境付出的努力。在这本书中她对感叹词（用大写字母、下划线和多个感叹号表示）的喜爱又提升了好几级，她笔下那些熟悉的、潦草的人虽然，查斯特同时以讽刺作家和社会人类学家的身份进行创作，但她的作品长期取材于她作为女儿、妻子和母亲的经历，表现出自传体的倾向。

物，从仅仅看上去疲惫不堪、任人宰割，到像蒙克的名画《呐喊》中那个尖叫的人形——看到失败和死亡的深渊一路逼近，他们手足无措、惊恐万状。

查斯特对她父母的描述相当细致，我们会立刻觉得自己就像认识他们几十年的邻居或家人：她那专横霸道、固执到极点的母亲伊丽莎白，和她温文尔雅、杞人忧天的父亲乔治，这对夫妇从五年级时就是同班同学，"除了二战时、工作时、生病时和上厕所时"，这么多年依然"做什么事都在一起"。

几十年来，乔治和伊丽莎白一直住在布鲁克林的一间公寓里（"并非艺术家或潮人云集的布鲁克林"，而是"聚集了守旧落伍人群的布鲁克林"），作者就是在那里长大的。她回忆说，在她童年和青春期的"待办事项"清单中，有以下几条训诫："避免与其他孩子接触"（因为他们可能携带细菌）、"在默克诊疗手册中查阅症状"和"不要死掉"。

查斯特说，婚后她搬到了康涅狄格州，整个20世纪90年代都没再回过布鲁克林。然而，她渐渐意识到，她的父母"正在慢慢远离电视广告中的老年范围"（"精神焕发！完全独立！一如常人！只不过是满头白发而已！"），进入了"更可怕的晚年"，也更令人难以启齿。

查斯特在书中毫不留情。她记录了父亲担心个没完的习惯、母亲的坏脾气。母亲还坚持囤积没用的便宜货（比如：五双装的特大号"龙虾汤色"丝袜，因为它们打两折），同时在必需品上精打细算，比如连一个安全可靠的新取暖器都舍不得买。她写下自己帮助双亲搬出住了48年的房子的经过，描述了那些几十年来积攒的东西——一大堆未启封的信件、外卖菜单、旧书、旧衣服、旧《生活》杂志、空的泡沫塑料蛋托、古董电器和同样古老的创可贴盒和瓶盖。同时，她也记录了自己努力对付这一团乱麻的经历——强烈的焦虑、担心、沮丧和完全束手无策的心情。

查斯特将绘画、照片和文字汇集在一起，组成了一幅鲜明的拼贴画来纪念她的父母。就像阿特·斯皮格曼的《鼠族》、玛嘉·莎塔碧的《我在伊朗长大》和艾莉森·贝克德尔的《欢乐之家》一样，本书帮助拓展了所谓"图像小说"的定义，对于自传和紧迫而复杂的故事叙述来说，凸显了该体裁作为一种创新的载体而具有的发展潜力。

布鲁斯·查特文作品

《巴塔哥尼亚高原上》（1977）

《我在这里做什么》（1989）

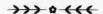

　　布鲁斯·查特文某篇在他去世后才发表的文章阐述了作家可分为两类："挖掘者"和"漂泊者"。他认为第一类人包括："在图书馆里埋头苦读的福楼拜和托尔斯泰；在书桌边放着一套盔甲的左拉；小屋里的爱伦·坡；住在软木装饰房间里的普鲁斯特。"至于第二类人，他提到了几位居无定所的作家，不论是"麦尔维尔还是海明威，果戈理还是陀思妥耶夫斯基，都出于自愿或是别无选择地不断辗转于旅馆和出租屋，陀思妥耶夫斯基甚至还蹲过西伯利亚的监狱。只有麦尔维尔，因为在马萨诸塞州体面地定居而未能将其漂泊进行到底"。

　　当然，查特文绝对属于漂泊一族。

　　他回忆说，他从小到大，骨子里就酷爱旅游。他祖母的堂兄查理后来成为英国驻智利蓬塔阿雷纳斯[①]的领事，于1898年在麦哲伦海峡入口处遭遇海难；他的叔叔杰弗里是一个阿拉伯学者和沙漠旅行者，并从费萨尔国王那里得到了一个金色的

――――――――――

① 世界上最南端的大陆城市，智利南极大区麦哲伦省首府。

IN PATAGONIA

AND WHAT AM I DOING HERE

BY
BRUCE CHATWIN

头饰，而他的叔叔汉弗莱则在非洲"晚景凄凉"。

由于父亲在海军服役，童年时代的小布鲁斯和母亲一起在英国四处漂泊，与各种各样的亲戚朋友待在一起。后来，他成了一个"地图迷"，辞去了苏富比拍卖行前途光明的工作后，他决定当一名记者，独自闯荡世界。

他的处女作《巴塔哥尼亚高原上》轰动一时。他拼贴式的叙述、优雅严谨的行文，以及对风景的描绘——展现的不仅是地球上的一组坐标，也是一个作者想象中的世界——这些特性帮助拓展了旅行写作的边界，并使这一文学类型重焕生机。本书的开头广受赞誉并被广泛引用：祖母的橱柜里有一块奇怪的兽皮（他认为是祖母的堂兄在巴塔哥尼亚发现的"一块雷龙皮"），这块兽皮深深刻在了布鲁斯的脑海里，激发了他对那片遥远土地的迷恋，并决心有朝一日要去那里旅行。

查特文对一切格格不入的神奇外来事物的敏锐眼光还体现在《我在这里做什么》一书中收录的个人自述、散文和旅行作品中。虽然这本书中的条目相对较少，但也展示了查特文对于写作与生俱来的观察力和把握力——从俄罗斯前卫艺术到第三世界的生存策略，再到高级时尚界的竞争对手。他的代表作读起来就像短小精悍的小说，充斥着令人惊奇的人物。我们能遇见作家娜杰日达·曼德施塔姆[1]，她抱怨苏联缺少伟大的作家，并要求查特文给她一些"真正的垃圾"来读，戴安

---

[1] 苏联著名诗人曼德施塔姆的妻子，作家、翻译家。主要作品有《曼德施塔姆夫人回忆录》。

他的处女作《巴塔哥尼亚高原上》轰动一时。他拼贴式的叙述、优雅严谨的行文，以及对风景的描绘——展现的不仅是地球上的一组坐标，也是一个作者想象中的世界——这些特性帮助拓展了旅行写作的边界，并使这一文学类型重焕生机。

娜·弗里兰[1]呷着伏特加，把"威尔士"听成了"鲸鱼"[2]。

坐在椅子边的是安德烈·马尔罗[3]，他穿着"一件翻领像蝴蝶翅膀一样的浅棕色夹克"，被描写为"一个将自己塑造成伟人的青年唯美主义者"。沃纳·赫尔佐格[4]给人的印象是"汇集了许多对矛盾：极为刚强而又脆弱，诚挚却又冷漠，朴素但又浪漫，不是特别能适应日常生活的压力，却又能在极端条件

[1] 著名时尚专栏作家与编辑，曾任 *Vogue* 与《时尚芭莎》杂志时尚编辑。

[2] 威尔士（Wales）和鲸鱼（whales）谐音。

[3] 法国小说家、评论家，代表作有小说《人的境遇》。

[4] 德国著名演员、导演、编剧，代表作有电影《陆上行舟》。

下高效地工作。"[1]

本书还栩栩如生地描绘了那些不太出名的人物："一位身材颀长、瘦骨嶙峋的德国数学家和地理学家"，她已经七十二岁了，人生的一半时间都在秘鲁沙漠中度过，研究人称"纳斯卡线条"的考古现象；一个骨瘦如柴的西藏走私犯，顽强地踏上了一段旅程，他得穿越两座冰川，并翻过一个海拔19000英尺[2]高的隘口；此外，还有一位喜欢为中国山区的村民播放卡鲁索[3]唱片的植物学家和探险家。

显然，查特文对这些舍弃现代文明、挑战世界极限的孤独冒险家有一种亲近感。事实上，他自己的生活便是受夏尔巴人[4]强烈的信念所激励——夏尔巴人是"旅游成性者"，他们用石堆和经幡沿途做记号，"告诉你人类真正的家园不是房子，而是'路'，生活本身就是一段徒步的旅程"。

---

① 仲召明译:《我在这里做什么》，南京：南京大学出版社，2014年。

② 约合5791米。

③ 恩里科·卡鲁索，意大利歌剧歌手，也是历史上最优秀的男高音之一。

④ 夏尔巴人(Sherpa)，藏语意为"来自东方的人"，散居在喜马拉雅山两侧。

《梦游者：1914年，欧洲如何走向"一战"》

（2012）

克里斯托弗·克拉克　著

>>>> ❖ <<<<

第一次世界大战是一场大灾难，导致 2000 万军人和平民死亡，2100 万人受伤。它加速了俄国革命的到来，为纳粹主义崛起和第二次世界大战创造了条件，也为当今中东地区许多棘手的冲突埋下了种子。正如保罗·福塞尔[1]在 1975 年出版的杰作《大战与现代记忆》中所言，堑壕战[2]的残酷特性对整个欧洲文化发出冲击波，有效地粉碎了旧秩序，催生了现代主义及社会对其的不满情绪。

"我永远无法理解一切是怎么发生的。"作家丽贝卡·韦斯特[3]后来谈及一战时说道。1914 年 6 月 28 日，奥匈帝国的王储斐迪南大公和他的妻子索菲娅是如何在萨拉热窝遇刺，从而将一个和平的欧洲推入战争的深渊的？这场战争又是如何像

[1] 美国宾夕法尼亚大学文学教授，著名作家、文化批评家。

[2] 利用低于地面的战壕进行作战，是第一次世界大战最主要的军事特点。

[3] 英国作家、记者、文学评论家及游记作家。

滚雪球般愈演愈烈，以燎原之势吞噬整个欧洲大陆并重组了世界格局的？

这样的问题如今仿佛正在重现，因为第一次世界大战之前的时代与我们现在的时代有许多相似之处：当年，全球化和电话等新技术正在带来翻天覆地的变化，而这些变化反过来又助长了日益增长的民粹主义。右翼和民族主义运动正在兴起，更大的地缘政治变化正在威胁世界秩序的稳定。

历史学家克里斯托弗·克拉克在其扣人心弦的著作《梦游者》中写道："紧跟 1914 年夏季危机进程的 21 世纪读者一定会被它真实的现代性所震撼。"克拉克写道，斐迪南大公遇刺事件的背后是一个"域外"恐怖组织，它围绕"对牺牲、死亡和复仇的崇拜"建立，而且，战争之路是由"帝国衰落和强权崛起"的复杂形势动态推动的——这与我们如今身处的格局并无二致。

克拉克的作品有缜密的依据，从浩如烟海的战争信息中进行审慎筛选，关注决策如何达成（而非为何达成），以及通往和平或和解的各条道路是如何被封死的。他并未试图把战争归咎于谁，并表示没有确凿证据能解释发生的一切。相反，他认为"战争的爆发是不同国家的政客做出的一系列决定的结果"——这些决定往往是基于误解、碎片化或不完整的信息，以及主要政客的意识形态和党派立场。

克拉克在剑桥大学任教，他以对欧洲历史的熟稔，剖析每一个主要成员国是如何被匆忙卷入战争的——德国、奥匈帝国、法国、英国、塞尔维亚——历史和文化传统决定了它们对其对手（盟友）长期存在偏见和怀疑。他接着分析了这种出自本能的态度如何可能导致糟糕的决策，以及国内党派政治（比如每个国家内部的民族主义压力集团①的游说）有时如何导致一个国家外交政策机制中不同派系之间的冲突。

克拉克还擅长描绘战争中各国参与者的肖像。比如英国外交大臣爱德华·格雷爵士，他确保英国的政策"主要集中在应对'德国的威胁'上"，并意图保护"决策过程不受敌视的审查"。而性情古怪的德国皇帝威廉二世常常"绕过忠臣，咨询'亲信'，鼓励内部派系争斗"，并阐述与现行政策相悖的观点。

所有这些因素导致了克拉克所说的"环境混乱"，它席卷整个欧洲大陆，最终触发战争——用他的话来说，欧洲国家就像梦游者一样，跟跟跄跄地走进了这场战争："处处戒备却视而不见，被梦魇支配着，对即将带给世界的恐怖现实毫无察觉。"

---

① 指那些致力于对政府施加压力、影响政策方向的社会组织或非组织的利益群体。

关于外交政策和世界的书

《西方自由主义的衰落》（2017）

爱德华·卢斯 著

《失序时代：全球旧秩序的崩溃和新秩序的重塑》（2017）

理查德·哈斯 著

→→→ ✦ ←←←

"万物解体，中心无法维系"——这句不祥的诗出自威廉·巴特勒·叶芝 1919 年写的《二度圣临》，一个世纪后，这句诗被广泛引用并不足为奇。随着英国脱欧、唐纳德·特朗普当选总统，以及全球范围内民族主义和民粹主义浪潮的高涨，由美国及其盟友为维护和平、促进民主理想和共同经济繁荣而精心策划的二战后秩序正受到前所未有的威胁。

这些令人不安的发展预示着什么？哪些因素将决定民主在未来重焕活力？国内政治动荡——就像 2016 年美国和英国所经历的那样——会对全局产生怎样持久的影响？这两本书信息丰富，能使读者对世界舞台上的发展有简明的了解。

《金融时报》驻美编辑和专栏作家爱德华·卢斯认为，和玛丽安·勒庞[1]一样，特朗普和右翼政客并非引发民主自由主义危机的原因，他们是一种征兆。他并不认为特朗普在 2016 年的胜利是"美国大多数白人的垂死挣扎"，政治和历史很快就会回归正常轨道。相反，卢斯认为，特朗普的选举是全球大趋势的一部分，包括在世纪之交，受全球化和自动化进程以及 2008 年金融危机的影响，西方中产阶级收入的下行压力与日俱增，自千禧年以来，全世界有不下 25 个民主政体遭遇失败，这一切都在助长民族主义和民粹主义暴动。

卢斯认为，经济增长是自由民主最强劲的黏合剂，当经济增长停滞或消失时，局势会突然变得严峻。随着就业和资源竞争日益激烈，那些他称为"被抛下的人"的群体常常为自己的不幸寻找替罪羊，政治逐渐演变成一场零和博弈，达成共识变得越来越困难。

"许多现代生活工具的价格越来越高，超出了大多数人的承受能力。"卢斯写道，他指出住房、医疗保健和大学学位的花费在飞速上涨。西方国家的收入不平等也在加剧：美国"曾

---

[1] 法国"国民阵线"前主席老勒庞（让－马利·勒庞）之女，法国极右翼政党"国民联盟"（原"国民阵线"）领导人。

经是西方国家中阶级流动性最高的国家，现在却是最低的"。

卢斯预测，特朗普的经济议程（与他的竞选豪言背道而驰）将"加深那些投票给他的人的经济困境"，而"他在国内对民主传统的蔑视"又会危及自由民主在国外的推行。卢斯还提醒我们，特朗普对独裁者的欢迎态度，以及他对北约和长期盟友的轻视，导致美国正在失去它在全球享有的信誉度。

❯❯❯ ✿ ❮❮❮

美国外交关系委员会主席理查德·哈斯指出了一种"秩序消亡"的全球趋势。他在 2017 年出版的《失序时代》一书中写道："21 世纪将极难管理和控制。事实表明，这个世界正在偏离过去近 400 年来（通常称为近现代）的历史轨迹。"①

哈斯提醒我们，冷战结束后，并没有像 1989 年柏林墙倒塌后一些人轻率预测的那样，出现一种充满希望的世界新秩序。相反，两极世界的相对稳定——拥有核武器的美国和苏联以谨慎克制的态度接近对方——在全球化、核扩散和技术迅速变化的影响下，一个复杂多极的世界出现了。在新千年，民粹主义、极端主义运动的发展以及对民主体制的攻击正在加剧全

---

① 黄锦桂译：《失序时代：全球旧秩序的崩溃和新秩序的重塑》，北京：中信出版集团，2017 年。

球的不稳定。

哈斯所描述的"令人担忧的事态发展"包括大国之间日益加剧的对抗、全球挑战（如气候变化）与实际应对措施之间日趋扩大的差距，以及国内外的政治失能。

哈斯的文字权威而生动，无论是对于大动态的探讨，还是分析叙利亚和阿富汗等热点地区错综复杂的关系特性，他都得心应手。《失序时代》使读者可以基本了解国际事务现状，从而正确看待这段简短而引人注目的国际关系史——从《威斯特伐利亚条约》（1648 年签署，结束了长达三十年的战争）到冷战结束，并同样简明地分析了形成当今全球格局的各方势力和事件。

在读者听来，这可能像是对特朗普政府及其在外交和国家安全政策上朝三暮四的警告，哈斯补充说："美国必须警惕，不能突然或严重背离正在进行的行动。一致性和可靠性是一个大国的基本属性。在安全问题上依靠美国的盟友需要知道美国会善待这种依赖。如果美国受到怀疑，世界格局将不可避免地发生变化，秩序将不复存在。"

他接着说："因此，美国的混乱与世界的混乱是密不可分的。"他总结道，这两个因素叠加在一起将"危害无比"。

《兄弟，我已不久人世》

（2007）

埃德维奇·丹蒂凯特 著

　　美国一直是一个移民国家，许多在美国历史和美国文学中扮演重要角色的作家和思想家都出生于国外：从托马斯·佩恩和亚历山大·汉密尔顿，到弗拉基米尔·纳博科夫、雅各布·里斯、索尔·贝娄和艾萨克·阿西莫夫。

　　尽管唐纳德·特朗普实施了严酷的新移民政策，并使用种族歧视性语言散播分裂与不和，但民调持续显示，大多数美国人（根据 2019 年皮尤调查①数据为 62%）认为，移民在用他们的天资和勤奋为国家添砖加瓦。在过去的几十年里，我们看到了大量关于移民经历的杰作，作者本身就是移民或第二代美国人，包括盖里·希坦加特、朱诺·迪亚斯、裴帕·拉希莉、马龙·詹姆斯、迪奈·门格斯图、王洋、阮清越、媞·奥博特、科伦·麦凯恩和雅加西。这些作家作品提醒着我们移民给美国文化带来的创新、多元化和活力。他们经常以局外人的

---

① 皮尤研究中心（Pew Research Center），是美国的一个独立性民调机构，总部设于华盛顿特区。

身份写作，对美国梦的前景和不协调之处更为敏感。他们往往是敏锐的观察者，能留意到日常生活中我们许多人不屑一顾或是认为理所当然的方方面面。

埃德维奇·丹蒂凯特的作品体现了这种对于美国的立体视觉，同时也给我们展现了一幅她出生的国家的生动画面，以及海地暴力史痛苦的后遗症。

丹蒂凯特在出版于 2007 年的回忆录《兄弟，我已不久人世》中回忆道，在她两岁时，父亲离开海地去了纽约。两年后，她的母亲跟随父亲去了美国，给埃德维奇留下了十条她缝制的新裙子，其中多数裙子对小女孩来说都大大了，意味着这些裙子是打算让她在未来几年里穿的。在接下来的八年里，埃德维奇和她的兄弟由父亲的兄弟，也就是自己的叔叔——约瑟夫抚养，约瑟夫和妻子丹尼斯住在太子港的一个街区，整日深陷于敌对帮派和政治派别的交火中。

多年来，已成为虔诚浸信会教徒的约瑟夫叔叔一直拒绝离开贝莱尔[①]。直到当地帮派烧毁并抢劫了他的教堂，81 岁的约瑟夫才通过偷渡逃离了这个街区和国家。然而，他飞往美国的航班很快变成了一场噩梦。到达迈阿密并请求庇护后，他被送到佛罗里达的拘留所。在那里，他不幸病倒并被送往医院，一天后就撒手人寰了。

尽管约瑟夫从未想过要离开他深爱的海地，然而他却被

① 太子港最贫困的街区之一。

葬在皇后区的一个公墓里，"最终在死后被流放"，成为"这个并不想收留他的国家土地的一部分"。不久，他的哥哥米拉也和他团聚了，米拉一直饱受晚期肺纤维化的折磨。两兄弟在他们的人生中做出了截然不同的选择，最后却并排葬于纽约郊区的同一个墓地。

通过讲述父亲和叔叔的故事，丹蒂凯特让我们对海地人流落异乡的境遇产生了一种亲切感：看到了这种境遇对父母孩子、兄弟姐妹、留下和离开的人产生的影响。

《兄弟，我已不久人世》是一本令人难忘的书。它讲述了流亡和亲情的故事，展现了亲情是如何战胜距离和分别、失去和遗弃，并依然令人惊讶地历久弥坚，炽烈无瑕，熠熠生辉。

《地下世界》

（1997）

唐·德里罗 著

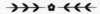

没有哪一位美国小说家能比唐·德里罗展现我们近代史的超现实主义怪诞更游刃有余了。在小说《球员们》《天秤星座》《毛二世》《白噪音》及其代表作《地下世界》中，德里罗运用令人炫目的写作天赋，制作了一张生动记录美国历史变化的图表，以不可思议的先见之明描述了肆意的暴力和偏执如何潜入集体无意识，以及名人和恐怖分子如何攫取这个国家的想象力。

德里罗笔下的美国是这样一个地方：阴谋取代宗教成为组织原则，湿冷的"巧合之手"伸进每个人的生活，任何"能想到的规则"一夜之间改变。他描述了科技带来的诱惑及其有能力放大流行文化的荒谬。在这个饱受注意力缺乏症困扰的社会，过量的数据和新闻使人分心和麻木，有能力抢占头条的则是那些炸弹制造者和持枪歹徒。

他的小说预见了"9·11"事件的震动、惊悚及其黑暗深远的后果；民众开始横扫网络，力量逐渐壮大，对专家和上层

人士的猜疑日益增加。

德里罗的《地下世界》是一部令人眼花缭乱的交响乐式结构的小说，作者全情投入于从黑暗中闪现微光的叙述，捕捉了 20 世纪下半叶处于原子弹阴影下的美国生活，同时展望了新千年的巨变。

《地下世界》的主人公尼克·谢在布朗克斯区①度过童年，从小接受罗马天主教教育。小说以他的经历为中心，展现了一幅美国的全景图，描绘了各色有名或无名的人物——体育迷、阴谋狂、皮条客、骗子、商人、科学家、艺术家——相互交错的生活，从中我们能切身体会到个人和集体如何以爆炸的力量聚合在一起。光是小说的序幕就堪称现代小说的杰作，它再现了 1951 年 10 月 3 日巨人队打败道奇队夺得冠军杯的经典棒球赛，超过 34000 名棒球迷共同经历了这一刻。德里罗将这一场景作为追溯 20 世纪后 50 年漫长历史的起点。

《地下世界》展示了德里罗的惊人才华：他擅长怪诞而精确的人物对白，文风既像理查德·普莱斯②，又像大卫·马麦特③，还像地铁上无意中听到的对话。他敏锐如雷达，让读者学会洞悉事物；他奔放的文风令人感同身受；他能精准表达经历的实时性，就像放电影一样，让过去和现在、大事和小事在

---

① 纽约市有名的贫民区，居民主要以非洲和拉丁美洲后裔居民为主，拥有最多公园用地，著名的美国职棒大联盟纽约洋基队的主场位于此地。

② 美国剧作家，主要作品有《金钱本色》《午夜惊情》《局外人》等。

③ 美国剧作家，主要作品有《美国野牛》《拜金一族》《密码》等。

我们脑海里不断循环。小说借助了绘画中的拼贴技巧、音乐中的即兴创作以及电影中的蒙太奇手法，这些碎片化的叙述恰如其分地定义了当代生活的冲突和断裂。

在早先出版的一本书中，德里罗笔下的人物谈论乔伊斯的一本小说，说它"什么都没漏掉"，甚至也许抓住了美国近代史上紧张的扭转与浮沉，将从未停止发生的过去永远地冻结在了文字里。德里罗的《地下世界》真正做到了这一点。

《奥斯卡·瓦奥短暂而奇妙的一生》

（2007）

朱诺·迪亚斯 著

    朱诺 2007 年的小说《奥斯卡·瓦奥短暂而奇妙的一生》炙热火辣的表达能第一时间打动你的心：他的语言半含受咖啡因刺激的街头俚语，半含夸张的西班牙式英语；那些仿佛要跃出书页的神奇灵动的文字，使迪亚斯可以收放自如地谈论任何事情——从托尔金到特鲁希略[1]，从动画电影到加勒比历史的恐怖，从罗格斯大学的性出轨事件到发生在圣多明各的警方暴力突袭。迪亚斯用生动的语言表达勾勒出书中的角色如何穿梭于两个世界：鬼魂萦绕的祖国——多米尼加共和国，塑造了他们的梦想，也给他们带来了噩梦；以及他们作为多米尼加移民逃往的这片自由和希望（有时也令人失望）的土地——美国（又名新泽西）。

---

[1] 20 世纪最臭名昭著的独裁者之一，在 1930 年至 1961 年间统治多米尼加共和国。

> 对这些角色而言，过去既是一根锚，将他们和珍爱的家庭根基拴在一起；同时也是一股危险的潜流，伺机以伤痛和残存的记忆吞没他们。

时而妙趣横生，时而令人心碎，这部杰出的处女作感人肺腑又洞悉世态，从对一个二代移民多米尼加书呆子的漫画形象刻画演变为对公共和私人历史以及沉重过往挥之不去的深思。它着眼于移民美国如何影响一个家庭的几代人：父母为了逃离国内的暴力和压迫，在这片遍布商场和郊区的土地上努力创造自己的新生活，一切都是如此陌生；而他们的孩子则沉浸在美国流行文化以及他们在恋爱学习中遇到的青春期挫折中，尽管他们意识到，自己日常关心的事与父母和祖父母辈在家乡面临的毁灭性选择之间存在着天差地别。对这些人物而言，过去既是一根锚，将他们和珍爱的家庭根基拴在一起；同时也是一股危险的潜流，伺机以伤痛和残存的记忆吞没他们。

迪亚斯笔下的主人公奥斯卡是个平凡的宅男，"不是那种随处可见的多米尼加仔——他既不是什么本垒打击球手，也不是什么腾空球接球手，更不是与众多辣妹纠缠不清的花花公子。"奥斯卡是一个体重超标、自暴自弃的书呆子和科幻狂热分子，梦想成为"多米尼加的托尔金"。他为那些无视他的女孩而憔悴痛苦，担心自己到死还是处男，尽管他美丽的姐姐洛拉(一个"崇拜苏克西与女妖乐队①的朋克女孩")和他大男子主义的大学室友尤尼尔努力让他节食、锻炼，以及"别再说些消极的蠢话"。尤尼尔想知道奥斯卡是否像他母亲一样，住在一个受到"阿特柔斯的诅咒"——由多米尼加独裁者拉斐尔·特鲁希略施加给这个家庭的"高级伏苦咒"的房子里。

随着小说发展，我们和奥斯卡一样逐渐深入他家族的过去。我们得以了解，他的母亲贝莉一意孤行的"街头信誉"源自多米尼加式的童年，她经历了几乎难以想象的痛苦和失去：她有钱的父亲曾被特鲁希略手下的暴徒折磨和监禁；她的母亲，在丈夫入狱后被卡车碾过。贝莉和一个娶了特鲁希略的妹妹的危险男子有了一段不幸的婚外情，她差点逃不出这座小岛。

以下是迪亚斯对特鲁希略的描写："这家伙统治圣多明各，就像那地方是他一个人的魔多大陆②；他不仅闭关锁国，把多米尼加隔离在'香蕉幕'③之后，甚至把它当作私人种植园，仿佛任何个人、任何东西都归他所有，他想除掉谁就除掉谁。他的耳目遍布全国；他的秘密警察比国家安全局更'安全'，

---

① 英国摇滚乐队。

② 《魔戒》中的地名，位于中土世界东南方。

③ 这里指想象中的、多米尼加共和国和其他美洲国家之间的障碍。

每一个人，甚至远在美国的人，都在他们的监视之下。"[1]

迪亚斯这本令人血脉偾张的小说点亮了多米尼加历史的痛楚，同时详尽地记录了一个家庭的梦想和失落。这本书超越了所有传统文学流派和范畴，将魔幻现实主义与后现代风格的烟火、科幻迷因和史实融合在一起，使迪亚斯成为当代小说世界中最具影响力、最迷人的讲述者之一。

---

① 吴其尧译：《奥斯卡·瓦奥短暂而奇妙的一生》，南京：译林出版社，2010年。

琼·狄迪恩作品

《向伯利恒跋涉》（1968）

《白色专辑》（1979）

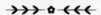

琼·狄迪恩1968年出版的散文集《向伯利恒跋涉》取名自叶芝的名作《二度圣临》。诗中有这样几句："万物解体，中心无法维系 / 只剩下混乱，世间无序。"她写道，这些诗句"不断在她耳中回响，仿佛做了手术植入一样"；它们对她的意识说，她"所理解的世界不复存在"，一切都失去了意义，混乱和随机——她称之为"骰子理论"——正在崛起。

狄迪恩的散文集《向伯利恒跋涉》，以及它的续作——1979年出版的《白色专辑》（该书名来源于"披头士"的同名专辑），让我们对六七十年代美国国内外的狂热有了难以磨灭的印象：从"花童"①来到旧金山海特街②，再到曼森谋杀案③

---

① 嬉皮士的一个流派，尤指年轻的嬉皮士，因佩戴花朵以象征和平与爱情得名。

② 美国20世纪六七十年代嬉皮士运动的发源地。

③ 查尔斯·曼森是美国最臭名昭著的变态杀人狂魔，自称迷恋披头士。当披头士的《白色专辑》发行后，曼森受其启发，宣布一场革命即将爆发，这也是谋杀案的开始。

的恐怖，以及狄迪恩在那些动荡不安的日子里切身体会的恐惧和迷茫。

她在《白色专辑》中写道："你面对的是这样一个女人，她不知何时错失了曾经对社会契约和改良原则持有的微弱信念。"她觉得自己变成了一个"梦游者"，只对"噩梦和那些超市停车场密闭的车里燃烧的孩子们"、高速公路上的狙击手、皮条客、疯子、"那些迷失的孩童，所有在夜间竞相争夺的愚昧军队"有所警觉。

几十年后，她认识到什么才是她最担心的"日常生活中难以言表的危险"。相伴近40年的丈夫约翰·格雷戈里·邓恩突然死于严重的心脏病突发，不到两年的时间，他们唯一的孩子金塔纳在多次住院治疗几个月后也离开了人世。这令人心碎的生离死别，被她写进了《奇想之年》和《蓝夜》里。

我第一次读到琼·狄迪恩是在汤姆·沃尔夫1973年开创性的选集《新新闻主义》①中——这本书和《微笑启示录：时尚先生的60年代史》一样，让我们很多人读了以后都想成为记者。当我找到一本《向伯利恒跋涉》时，我被狄迪恩的表达和她散文的独特力量所折服——如外科手术一般的精确性，以及几乎具有魔力的节奏。她对"极致和命定的承诺"的痴迷，以及对"边缘"的认识，也与我年少时天马行空的想象不谋

---

① 汤姆·沃尔夫被誉为"新新闻主义之父"，对"新新闻主义"的形成影响深远。"新新闻主义"是一种依赖"文学写作"的报道方式，重视再现对话、场景和心理活动，并且不遗余力地刻画细节。

而合。

早在几十年前，F. 斯科特·菲茨杰拉德就以散文集《崩溃》开辟了个人散文的先河，但狄迪恩的直率多少让人耳目一新；事实上，她的作品在很多方面都预示着回忆录写作将在 20 世纪 90 年代和 21 世纪前几十年受到新一代作家的欢迎。

在一篇署名文章中，狄迪恩提到记住"我是什么样的人"的重要性。无论她写的是爱情或婚姻，还是她在纽约刚入行做记者时的日子，她提到了很多 20 世纪 70 年代和 80 年代年轻女性的经历。她讲述了身为一名内向、娇小、"谨小慎微"的记者是什么感觉。她描述了她那几乎空空如也的纽约公寓，"卧室窗户上挂着五十码[①] 长的夸张黄色丝绸，因为我觉得金色的光线会让我感觉好一些。"她知道如何在萨尔瓦多和哥伦比亚等危险国家独自旅行，她也知道什么是我母亲想要我了解的事情：如何做普罗旺斯鱼汤和罗宋汤，或是记得某条裙子购自何处，是来自邦维特·特勒百货公司，还是洛杉矶马格宁商店。

我很幸运，在 1979 年就《白色专辑》一书采访了狄迪恩。这是一篇自由撰稿，也是我为《纽约时报》写的第一篇文章。当我到达她位于加州布伦特伍德的家时，我急切地拿出记者的笔记本，草草记下了所有"狄迪恩式"的细节：黄色的雪佛兰停在车道上，正是小说《顺其自然》里玛丽亚[②] 开的那辆。后院还有一棵牛油果树，狄迪恩的灭虫员告诉她，那棵树会引

---

① 英制长度单位，1 码 =3 英尺，约合 91.44 厘米。

② 狄迪恩小说《顺其自然》的女主人公。

来老鼠。

在《白色专辑》和《向伯利恒跋涉》中，狄迪恩用自身的忧虑和经历作为美国时代精神的一种索引。在萨克拉门托①长大的她写道，从小熟悉的加州如何在一夜之间蜕变为一个新的加州——旧的前沿生活方式被好莱坞的晚宴取代，新世纪音乐②渐渐式微：美国人对自我脱胎换骨的信念陷入了无根和失范的境地。继越战、水门事件、马丁·路德·金和罗伯特·F.肯尼迪被刺事件后，美国伤痕累累，命途坎坷。芝加哥和洛杉矶的大街上、校园里，暴力事件层出不穷。狄迪恩用写作的方式来叙述她目睹的周遭混乱状况，试图理解美国发生的变化。对她来说，"一切都不堪回首，但没有什么是无法想象的"。

狄迪恩告诉我，这座位于布伦特伍德的双层殖民风房子是她一直以来都想要的："我想要一套中央布局的房子，进门时，客厅位于你的右手边，餐厅位于你的左手边。我想象着如果我有了这座房子，我的生活会拥有一种秩序与和平，但并没有实现。住在双层的房子里并不能规避风险。"

---

① 加州首府。
② New Age，又译作新纪元音乐，出现于 20 世纪 70 年代，是一种宁静、安逸、舒缓的音乐，多数为纯音乐作品。

《怪才的荒诞与忧伤》

（2000）

戴夫·艾格斯 著

　　戴夫·艾格斯出版于 2000 年的代表作《怪才的荒诞与忧伤》令人惊愕又心碎。他讲述了父母如何在几周内相继过世，以及自己如何在二十一岁那年成为八岁弟弟塔夫的代理家长。艾格斯写的这本引人深思的"类似回忆录的东西"证明了他身为作家出众的才能——可以熟练而热情迸发地在自我指涉和真情实感、夸张和真挚之间切换自如。他擅用不同的基调写作，从妙趣横生到发人深省，从轻松幽默到温情脉脉。

　　正如劳伦斯·斯特恩的离散式小说《项狄传》[①]与传统小说有着共通之处一样，《怪才的荒诞与忧伤》和传统自传也有很多相似。艾格斯意图向读者传达自己失去双亲的同时，又承担起抚养弟弟的责任的感受。他运用丰富的技巧，对其意识流回忆录进行注解，并将常见于理性的、实验性的作品中那类后

[①] 18 世纪英国文学大师劳伦斯·斯特恩的代表作之一。叙述的顺序完全打破了顺着事件发生的时间按部就班、一板一眼的传统程式。评论家指出，20 世纪小说中的意识流手法可以追溯到这部奇异的小说。

现代主义叙事策略转变为难以置信但切实有效的工具，来传达他的悲伤和困惑——他的情绪充满矛盾，想要记录发生的一切，同时又防御性地使用夸张和讽刺手法，以免被亲人离去的悲伤压垮。

"我们家就在一个出水口上，"他写道，"我们的房子就是被龙卷风卷走的那一栋，这个火车模型般的小房子无助地漂流着，在吼啸的黑暗漏斗中可悲地悬荡着。我们脆弱而渺小。我们是格林纳达①。有人背着降落伞从天而降。"②

父母去世后，戴夫和塔夫搬到了加州的伯克利，以便离姐姐贝丝近一点。这对兄弟好像父子一样打理家务，住在像宿舍一样脏乱不堪的环境里：书籍、报纸、剩了半杯的牛奶、放久了的炸薯条、半开包装的脆饼干和成堆的运动器材（至少有四个篮球，八个曲棍球和一个滑板）撒得满客厅都是。厨房里蚂蚁横行。衣服堆积如山，还有"最快要 90 天后才能支付"的账单，迟交的学校表格。

偶尔当艾格斯出门约会时，他都担心会发生可怕的事情（不管是什么，基本上都是他"疯狂的、渲染恐怖的想象力"脑补出来的），比如担心保姆会杀了他的弟弟，或是别人会杀了塔夫和保姆。他认为，他现在生活在一个"一切皆有可能的地方"："发生什么我都不会感到惊讶。地震、蝗灾、毒雨我都不以为意。哪怕是上帝、独角兽、拿着火把和权杖的蝙蝠

---

① 位于东加勒比海向风群岛最南端的岛国。

② 张琇云译:《怪才的荒诞与忧伤》，北京：人民文学出版社，2017 年。

侠前来造访——也不是不可能。"

艾格斯和其他孩子的父母一起参加塔夫的少年棒球联盟比赛。他决定一周下厨四次（根据母亲的食谱），并努力教会塔夫做一切他喜欢的东西。

"他的大脑就是我的实验室、我的仓库，"艾格斯写道，"我可以把我选的书、电视节目、电影，以及对获选官员、历史事件、邻居、路人的看法都一股脑儿塞进去。他是我24小时的教室，是我最忠实的听众，被迫吸收我认为有价值的一切。"他给塔夫读了《广岛》（跳过了恐怖的部分）、《鼠族》和《第二十二条军规》，教他玩飞盘的小技巧，指导他如何穿着袜子轻松滑下公寓过道。

艾格斯有一种传递强烈情感的卓越能力——无论是喜悦、焦虑还是丧亲之痛。他能把和弟弟玩的飞盘游戏变成对生命的存在主义冥想。看到朋友从昏迷中醒来，他能表达出欣喜若狂的情绪。他还能将自己为把母亲的骨灰撒在密歇根湖所做的努力变成一段故事，它既是对母亲亡故的深切悼念，也狂热地、闹剧般地讲述了自己作为吊唁者的无能，他手里提着的一罐骨灰让他毛骨悚然地想到斯皮尔伯格电影中的"约柜"①。

这是一本关于亲情和韧性的回忆录，感人至深，同时也标志着一位才华横溢、独树一帜的年轻作家一鸣惊人的登场。

---

① 1981年史蒂文·斯皮尔伯格导演的《夺宝奇兵》讲述了考古学教授印第安纳·琼斯受美国军方所托，去埃及找寻"约柜"，并与纳粹德国的爪牙斗智斗勇的故事。约柜是《旧约》中提到的一种容器，用来装载刻有十诫的石板。

他之后的一系列引人瞩目的作品也不负众望，比如《什么是什么》和《国王的全息图》，这些作品基调和风格迥异，彰显了艾格斯广阔多变、无拘无束的才能。

《黛博拉·艾森伯格故事集》

（2010）

>>>> ◇ <<<<

黛博拉·艾森伯格的短篇故事《超级英雄的黄昏》令人手不释卷。故事发生在"9·11"事件前后千禧年的纽约市，作者描写了城市历经的变化，生活如何恢复至近乎正常——即使地平线上还有个洞，即使人们仍没有忘记"飞机的撞击撕开了那个蓝色九月早晨的幕帘，露出暗藏杀机的黑暗世界"。

"你知道，"一个名叫纳撒尼尔的人物说，"如果历史能教会我们什么，那就是——尽管我们付出了所有的努力，尽管我们做了最好（或最坏）的打算，尽管我们对自己的远见有着坚不可摧的信念——事实上，我们这些可怜人做不到未雨绸缪，因为变数太多了。所以，归根到底，并没有人对真正重要的事情负责。"

艾森伯格笔下的许多人物也深有同感。一场意外，一场疾病，一段感情的突然结束，或是对现实的期望突然破灭——这些不可预见的发展让这些人高度意识到生活的不稳定性，认识到好事、坏事，哪怕仅仅是令人惊讶的事，全都随时可能发生。有时是家族的不幸或出人意料的真相，有时则是对个人有重大影响的更广泛的公共事件。

在之后出版的故事集《你的鸭子就是我的鸭子》中，艾森伯格写道，最近的新闻常常像"童话里的神奇物质"，生产着"从最底层的恶开始，源源不断滋生的可怕"——这种可怕渗入了集体意识，至少渗入了那些参与制造世界不公与背叛的人的脑海中。

身为编剧，艾森伯格善于倾听对白，并且能精准探测引人深思的细节。她笔下的短篇故事有着和长篇小说一样广阔的情感起伏，仅仅是寥寥几页，就能使我们发自内心地体会到她笔下人物的日常生活、他们所处的世界、他们所反抗的家庭或是塑造了他们的家庭。通过自如地穿梭于现在和过去，她展示了记忆和旧事如何影响当前的决定，时间——日常生活中无情的滴答声——如何限制和解放我们。

无论是摸索着长大成人的青少年，还是漫游世界的年轻准艺术家，或是目睹死亡像冰山一样渐渐逼近的老人，他们都感觉自己像局外人。他们根据性格或过去的经历，突然发现自己扮演的角色装备糟糕。他们沉溺于迷幻的、意识流的沉思（关于茶包的用法："少量的水会把少量的茶从袋子里带出来吗，还是怎么回事？"）和忧郁的哲学旁白（"人类诞生，人类生存。他们把自己一小块一小块地粘在一起，然后死去。"）。艾森伯格并没有给笔下的人物故事强行套上整齐划一的形式，而是放任它们有机地成为奇形怪状、不对称的叙事，保留了现实生活中所有令人沮丧的曲折和出人意料的转机。

《荒原》

（1922）

T.S. 艾略特 著

　　在出版近一个世纪后，T.S. 艾略特的《荒原》成为现代主义的中流砥柱之一。和乔伊斯的《尤利西斯》（同样出版于1922年）、斯特拉文斯基的《春之祭》、毕加索的《亚维农的少女》和弗吉尼亚·伍尔夫的意识流小说一样，这部诗体现了埃兹拉·庞德对于艺术家们"不断创新"的劝诫。这些作品中蕴含的交错跳剪①的活力，对支离破碎片段的拼贴手法、对语句失调和间断的兼收并蓄，以及面向传统布局和平铺直叙的挑战——这些元素反映了20世纪初，世界在应对剧烈的社会和政治变化以及第一次世界大战的毁灭性后果时所经历的疏离感和混乱感。

　　在过去几十年里，《荒原》一诗一直被作为高中和大学的课堂教材。在其创新之处被广泛吸收、模仿和反讽之后，如今可能会让一些读者感到普通甚至平庸。我们很难领悟到当它初

---

① jump-cut，原指视频剪辑中一种无技巧的剪辑手法。它打破常规状态镜头切换时所遵循的时空和动作连续性要求，以较大幅度的跳跃式镜头组接。

> 它描绘了一个旧规则和定论已经消失的世界——一个"枯死的树没有遮阴"的精神荒漠，孤独的人们麻木地穿过"虚无之城"。在这里，诗人"可以将虚无和虚无连接在一起"。

次出版时看起来有多么激进——它打破旧的韵律规则，用新的语言和技巧来处理那些当时不流行的主题，比如精神异化和城市痼疾。

然而，今天重读这首诗，它对第一次世界大战后残破世界的回忆仍然会引起我们极大的共鸣。它描绘了一个旧规则和定论已经消失的世界——一个"枯死的树没有遮阴"[1]的精神荒漠，孤独的人们麻木地穿过"虚无之城"。在这里，诗人"可以将虚无和虚无连接在一起"。

艾略特曾说过，这首诗是"一种个人对生活的怨怼的纾解"，在某种程度上，这反映了他在与悲惨的婚姻和精神崩溃做斗争时的心理状态。正如卡夫卡的作品植根于他与专横的父亲之间的关系，并为现代生活和政治带来持久的隐喻，艾略特

---

① 赵萝蕤译：《荒原》，北京：人民文学出版社，2016年。

的《荒原》也反映了世界更大的动态。这个世界被失落感和错位感所笼罩，和我们的世界并无不同——用艾略特在一篇对《尤利西斯》的评论文章中的话来说，这个世界呈现出一幅"庞大、无效、混乱的景象"，同时渴望着救赎和新生。

约瑟夫·J.埃利斯作品

《奠基者：独立战争那一代》（2000）

《美国创世纪：建国历程的胜利与悲剧》（2007）

《革命之夏：美国独立的起源》（2013）

《美国对话：创立者和我们》（2018）

>>>> ✿ <<<<

没有哪一本历史书能像林-曼努尔·米兰达[①]那部伟大的音乐剧《汉密尔顿》一样拥有多面的魅力。但如果你有兴趣深入了解独立战争时期，不妨从历史学家约瑟夫·J.埃利斯的作品入手。

在多部作品中，埃利斯带我们走进美国建国时期的生活，他生动地讲述了革命战争期间的关键事件以及制宪会议的进展，简要地分析了草创阶段的观点、理念和偏见。建国领袖们为保护我们的民主而建立的制衡机制正遭受着唐纳德·特朗普的攻击，同时，建国领袖们自身也未能解决美国奴隶制的原罪导致的苦果，这些都是我们今天需要理解的关键问题。

埃利斯在2018年出版的《美国对话》一书中写道，建国

---

① Lin-Manuel Miranda，音乐剧《汉密尔顿》的男主角、作曲人、作词人、编剧和制作人。

时期产生的"大爆炸创造了我们政治宇宙中的所有行星和轨道，从而为至今仍在争论的、我们作为一个民族和一个国家的命运建立了制度框架"。

埃利斯提醒我们，美国独立战争成功的可能性是多么的渺茫。英国陆军和海军构成了当时世界上最强大的军事力量，而华盛顿指挥的大陆军则是一群乌合之众，装备落后，未经训练，有时还缺衣少粮，营养不良。

环境因素和运气在美国领导人的决策中起到了重要作用，他们常常走一步看一步，在深渊边缘摇摇欲坠。

华盛顿带领近一万名士兵从布鲁克林疏散到曼哈顿，越过了由可怕的英国海军控制的水域伊斯特河。如果不是在布鲁克林战役中浓雾笼罩了纽约市，他还能完成这样一项非凡的壮举吗？

如果华盛顿有更多的军队，他会不会对英军采取更具对抗性的方式，而不是在退守福吉谷①之后主要采取防御姿态？事实证明，这是一种策略，争取民心，迫使英军不得不和广大乡民为敌，耗尽英军资源，并最终推动了局势的扭转。

在叙述这些过程时，埃利斯讲述了事件参与者于仓促之际背水一战的经历，他也不时评价他们在遭受挫败时做出的决定在历史回溯中彰显出的意义。

---

① Valley Forge，美国独立战争时期华盛顿所率大陆军在低潮时期的"革命根据地"。独立战争爆发后，华盛顿率领的军队屡战屡败，逃到费城西北部的福吉谷之中，被迫采取"先保存自己，再消灭敌人"的策略。

他还强调了性格和个人决策对确保十三个殖民地成为"我们合众国人民"[1]以及造成遗留至今的严重社会政治不平等问题起到的关键作用。

埃利斯认为，在某些情况下，"天选之子"会应运而生：从华盛顿坚忍克己的军事领导，到詹姆斯·麦迪逊身为政治战略家的洞察力，再到亚历山大·汉密尔顿在财政上的智慧。然而，随着路易斯安那购地案[2]的实行，托马斯·杰斐逊的种族主义和任性虚伪让他错过了埃利斯所说的"一个逐步实施解放政策并逐步废除奴隶制度的绝佳历史机遇"，改变了"他自己在《独立宣言》中所说的美国历史方向"。

在埃利斯看来，开国者在意识形态和性情上的差异——和他们轰轰烈烈的友谊和竞争——造成了提升创造力的文化震荡，并"在保持原条款不变的情况下，用更人性化的版本替代了宪法的制衡体系"。他们对联邦和国家主权的主张以及美国独立战争的意义也存在分歧：独立战争是否关乎个人自由并与英国和欧洲的政治传统完全决裂；或者它是否意味着"个人、各州和地区利益为了美国国家地位的更高目标而做出高尚的让步"。

虽然华盛顿、汉密尔顿、亚当斯、杰斐逊、麦迪逊和富兰克林属于埃利斯所说的"美国历史上最伟大的一代政治天

---

① "We the people" 一词，源自美国联邦宪法序言。
② 1803 年美国政府从法国手中购买 828000 平方英里的法属路易斯安那，使得当时美国的版图扩大了一倍。

才”，但他们仍然属于他们那个时代，受限于当时的习俗以及自身的偏见和不足。埃利斯写道，回顾他们的人生和决策提醒我们，历史研究是一个互动的过程——"一场持续进行的过去和现在之间的对话"。

美国民主制度的奠基者

《联邦党人文集》（1788）

亚历山大·汉密尔顿，詹姆士·麦迪逊，约翰·杰伊 著

《乔治·华盛顿告别演说》（1796）

＞＞＞ ✿ ＜＜＜

　　《联邦党人文集》被公认为仅次于《美利坚合众国宪法》《独立宣言》和《权利法案》的重要文献。在今天阅读它们依然十分必要，因为开国元勋们所创立的、作为我们民主之基石的体系正日益受到威胁。

　　在精力充沛的亚历山大·汉密尔顿（他当时只有 30 多岁）的精心安排下，汉密尔顿、詹姆斯·麦迪逊和约翰·杰伊，分别于 1787 年和 1788 年撰写了 85 篇文章，以推动新宪法通过。这些文章（其中有很多最早发表于报纸上）既是对宪法的有力捍卫，也是对开国元勋们关于美国民主运作机制思考的详述。

　　这些论文的内容包括先父们对人性的现实评估，他们所了解的历史上其他民主政权曾陷入的误区，以及对美国在未来几年可能面临的危险的清醒认识。汉密尔顿警告说："危险的

政治野心，更常潜伏于假装对人民的权利满怀热情的虚假面具之后。"谈及历史上的暴政，他补充说："在那些推翻了共和国自由的人群之中，数量最多的都是那些刚开始便去谄媚地迎合人民的那群人，而通常这些人会从操控民意的煽动者，最后变为暴君。"他还警告说，党派团体将试图通过"振振有词的宣言和尖酸刻薄的谩骂"来赢得皈依者。

美国建立在启蒙运动的理念——理性、自由和进步之上，开国元勋们试图塑造这样一个政府，能有助于抑制选民更加极端的冲动，考虑就长期目标达成共识（而非短期满足）。

对麦迪逊来说，最大的危险之一是他所谓的"派系"力量——"被某种共同的情感或利益所驱使"联合在一起的公民团体，这些团体"既有损于其他公民的权利，也有损于社会的集体长远利益"。

麦迪逊在《联邦党人文集》第51篇中说道："如果人人都是天使，我们将不需要政府，如果是天使统治我们，我们将不需要对政府进行任何限制。在建立一个由人统治人的政府时，最大的难题就在于，一方面，得让这个政府能够控制被统治者，另一方面，又得让它控制自身，权力必须受到约束。"

为此，政府的三个权力分支——行政、立法、司法——被开国元勋们设计成相互制衡的机制。麦迪逊写道，没有一个分支"可以直接或间接地对其他分支具有压倒性的影响"。

例如，总统被赋予提名最高法院法官和大使的权力，但必须得到参议院的建议和同意；如果要与其他国家签订条约，参议院必须有三分之二的议员通过。此外，总统可能会受到立法部门的弹劾和审判，并在"被定为叛国罪、贿赂罪或其他重罪和轻罪"时被免职。出于以上原因，汉密尔顿认为，美国总统的权力与英国国王的实际权力是"不可同日而语"的。

大多数普通读者不会想要阅读这本书中所有的论文，但以下几篇是个很好的开端：汉密尔顿的引言（第1篇）；麦迪逊关于危险的"派系"政治的论义（第10篇）和关于政府建立制衡体系的章节（第51篇）。

同样适时和有针对性的是麦迪逊关于政府三权分立的论文详述（第47—49篇），汉密尔顿关于制约总统权力（第69篇）和独立司法的重要性的章节（第78篇）。

➤➤➤ ❖ ◄◄◄

大约8年后的1796年，也就是乔治·华盛顿第二任总统任期即将结束时发表的《告别演说》(可在网上找到)，是美国建国初期的另一份不可或缺的文件，与《联邦党人文集》中阐述的许多主题遥相呼应。

对于这个年轻国家将来可能面临的危险，华盛顿的讲话有着精准可怕的洞察力。他警告说，为了保护未来，国家必须捍卫宪法，并对由他和其他开国者精心建立的政府内部任何破坏权力分立和平衡的企图都保持警惕。

华盛顿警告说，那些"狡猾奸诈、野心勃勃、毫无原则的人"可能会试图"颠覆人民的权力"以及"篡夺政府的统治权，然后再把那些使他们上升到不正当统治地位的工具全部摧毁"。

他对"外国势力的阴谋诡计"以及"野心勃勃、堕落腐化，或受蒙蔽的公民"的危险性提出了警告。这些公民投靠了自己所喜爱的国家，却"背叛或牺牲了自己国家的利益"。

最后，华盛顿告诫了通过煽动"毫无根据的猜忌和莫须有的惊恐"来制造冲突的"党派精神的持续危害"，以及派系之争（东部对西部，北方对南方，各州对联邦）对国家统一造成的威胁。他说："如果有人企图使我国的一部分脱离其余部分，或是想削弱现在联结各部分的神圣纽带，在其初露端倪之时，就应当严加指责。"

《看不见的人》

（1952）

拉尔夫·埃里森 著

"我是一个看不见的人。"① 这是拉尔夫·埃里森 1952 年出版的别具 ·格的小说《看不见的人》的开头。"可我并不是缠磨着埃德加·爱伦·坡的那种幽灵，也不是你习以为常的好莱坞电影中虚无缥缈的幻影。"他笔下的叙述者继续说道，"我是一个有形体的人，有血有肉，有骨骼有纤维组织。"他解释说，他是看不见的，"那只是因为人们对我不屑一顾。在马戏的杂耍中，你常常可以见到只露脑袋没有身体的角色，我就像那个样儿，我仿佛给许许多多哈哈镜团团围住了。"当人们看着他的时候，他们看到的只是"我的四周，看到他们自己，或者看到他们想象中的事物——说实在的，他们看到了一切的一切，唯独看不到我"。

在美国，"看不见的"是对黑人的一种隐喻：被忽视、被迫害、被贬低，受制于不同的正义标准，并被贴上粗暴的种族

① 任绍曾译：《看不见的人》，上海：上海文艺出版社，2014 年。

偏见标签。与此同时，埃里森认为，"看不见的"是我们所有人都面临的一种生存状态，我们试图摆脱他人的期望和假设，把自己定义为独立个体。

时而是现实主义，时而是寓言风格，时而是极端超现实主义，《看不见的人》既是对美国种族和多元文化遗产富有远见的深思，又是一部充满活力的现代主义成长小说——它用卡夫卡式的叙述书写了叙述者从懵懂无知到成熟觉醒、从被动到主动、从轻信到理解的旅程。

那是一段噩梦般的旅程：叙述者最后二十多年的生活遭遇了一连串的背叛。作为一个小镇高中生，他一直被教导要保持谦卑的美德。他遭到镇上白人权贵的羞辱，他们命令他和一群黑人青少年在拳击场上蒙着眼睛互相格斗。尽管叙述者获得了奖学金进入州立黑人大学，他的境遇也令人沮丧：事实上，大学校长布莱索博士依靠迎合和取悦白人捐助者掌权，声称"为了保全我的地位，我不惜让国内所有的黑人一个早上都在树上吊死"。

被布莱索开除后，叙述者搬到了纽约，他的不幸仍在继续：他的工作地点在一个工厂，负责生产一种"世界上最好的白漆"——"光学白"。结果，他被送往工厂的医院，接受电击疗法来消除他的记忆。后来，他加入了一个名为兄弟会的组织，他失望地发现，该组织的领导人似乎也有意利用他来达到自己的目的。

埃里森在前言中提到，他的主人公与陀思妥耶夫斯基《地

时而是现实主义，时而是寓言风格，时而是极端超现实主义，《看不见的人》是对美国种族和多元文化遗产富有远见的深思。

下笔记》中的叙述者有一些共同之处。叙述者住在一间点着1369个灯泡的地下室里，生活处于"冬眠状态"，他努力让人生变得有意义，并时刻准备着有所行动。他决心要"扮演一个对社会负责的角色"并讲述自己的故事——也就是书中陈述的故事——同时记录下他在游历中所学到的东西。

他明白了他"不是别人，只是我自己"；他不再允许自己被他人定义，无论黑人还是白人。他说，这些经历非但没有使他痛苦，反而使他意识到，"除非爱和恨在你的看法中比重相当，否则你就会失去太多，而且你一生的意义也将化为乌有。"他没有以黑人或白人的角度来看待生活——是或不是，不是或是——他决定试着接受这一切。"这就是多样性，"他说，他并不是在向"无色人"努力，而是明白了"美国是由许多根线织成的"，"我们的命运是'一'与'多'的统一"。

事实上，这与埃里森自己的观点相呼应。他曾经解释说，他希望通过《看不见的人》来打造一个"有如希望之筏"的故事，"我们的国家在追求民主理想的航线上游移不定，当我们试图穿越途中的障碍和旋涡时，这只木筏或许可以帮我们免于沉没"。

《我弥留之际》

（1930）

威廉·福克纳 著

　　艾迪·本德伦是威廉·福克纳发表于 1930 年的开创性小说中的女主人公。她有一段痛苦的内心独白，讲述了生存的孤独和空虚，以及在描绘为人妻母经历时的难以言表。她说，她现在明白了父亲所说的"活着就是为长久的安眠做准备"的含义，她还声称明白了"词语是没有用的；人们想要说话表达的时候，那些词语就失去了本意"。

　　艾迪只是《我弥留之际》中的十五位叙述者之一。小说在本德伦家族不同成员和邻居的角度之间切换，他们准备遵照她把遗体安葬在娘家的请求，带着她的棺材踏上跨越密西西比乡下四十英里^①的艰难旅程——这段旅程本身成了人生之路的一个隐喻。

　　《我弥留之际》出版之时，其分散结构被认为具有很高的实验性——该结构是在两种基础上孕育出的一种激进手法：一

---

① 1 英里约合 1.6 公里，40 英里约为 64 公里。

是福克纳接触了弗吉尼亚·伍尔夫和詹姆斯·乔伊斯开创的意识流技巧，二是如一些学者猜测的，福克纳在1925年欧洲旅行期间迷恋上了惊鸿一瞥的立体主义艺术[1]。他在《我弥留之际》中吸收了这些想法和观念，形成了一个叙事模板（很像黑泽明1950年的标志性电影《罗生门》），从而激发了路易斯·厄德里奇、马龙·詹姆斯和大卫·米切尔等形形色色作家的作品，以及娱乐时间电视网[2]出品的《婚外情事》等创新电视剧的问世。

福克纳的拼贴式叙事强调了记忆的主观性、知识的局限性和理解他人观点的困难性。艾迪不是唯一感到孤独和痛苦的人物；通过她的四个儿子、怀孕的女儿、沉闷的丈夫和各色朋友的意识流独白，我们看到他们难以和彼此产生共鸣——福克纳认为，孤独和错位感是人类处境的一部分。

然而，小说也并非完全黯淡萧瑟。全书充满了黑色喜剧精神，书中的角色也认识到他们这趟旅程的荒诞——经历了洪水和火灾，他们一路拖着艾迪腐烂的尸体回家——尽管在情感上与她关系紧张，然而出于忠诚和奉献精神，他们仍不屈不挠。这种态度正符合福克纳时常表达的信念——就像他在诺贝尔文学奖获奖致辞中所说的那样——人类将"永存并终将获胜"。

---

[1] 西方现代艺术史上的一个运动和流派，1907年始于法国。立体主义的艺术家追求碎裂、解析、重新组合的形式，形成分离的画面。

[2] 美国一家付费有线电视网，隶属于CBS集团。

那 不 勒 斯 四 部 曲

《我的天才女友》（2012）

《新名字的故事》（2013）

《离开的，留下的》（2014）

《失踪的孩子》（2015）

埃莱娜·费兰特　著

安·戈德斯坦 译

　　埃莱娜·费兰特的"那不勒斯四部曲"令人拍案叫绝。它创造了一幅关于两个女人不可磨灭的画像，她们既是最好的朋友又是死对头，会为彼此的文学抱负加油打气，也会为获得认可而彼此嫉妒竞争。这四部小说（《我的大才女友》《新名字的故事》《离开的，留下的》《失踪的孩子》）的时间跨度长达六十年，埃莱娜和莉拉成为一对令人难忘的姐妹花，就像塞尔玛和露易斯①、拉文和雪莉②、艾莉亚和珊莎③一样，在我们的集体想象中，两人总是难分伯仲。

———————————

① 1991 年美国电影《末路狂花》中的两位女主人公。

② 1976 年美国电影《拉文与雪莉》中的两位女主人公。

③ 美国作家乔治·R.R. 马丁所著《冰与火之歌》中的史塔克姐妹。

两人一起长大于二战后那不勒斯一个贫穷、充满暴力、犯罪猖獗的街区里。埃莱娜是个乖乖女，勤奋、认真，幸运地进入了一所体面的学校，逃往佛罗伦萨开始了新的生活；她成为一名成功的作家，并嫁给一位出身名门的教授。莉拉果敢、冲动、我行我素——一个"可怕、耀眼的女孩"，她天资出众，尖尖的胳膊肘和刀子嘴让所有人望而生畏。她中途辍学，早早结婚，开启了成功的事业；虽然她成了老城区中有头有脸的人物，但她仍然被困在那里，她那光芒四射的艺术天赋也未能施展。

追溯两个女性漫长人生轨迹的设定并不新鲜，阿诺德·贝内特（《老妇人的故事》）和理查德·耶茨（《复活节游行》）都曾在各自的小说中生动描绘了两个截然不同的姐妹形象。然而费兰特的"那不勒斯四部曲"展现的则是一个城市和一个时代的肖像，同时毫无保留地通过真实感人的细节挖掘了两位女主人公的心理。

我们同情埃莱娜努力平衡来自事业、孩子和爱人尼诺互相冲突的需求，就像我们理解莉拉面对她敏感内敛的朋友时的急躁，以及她因席卷老城区的犯罪行为和政治腐败而面临的日常窘境。

费兰特（作家的笔名，她拒绝透露真实身份）捕捉了20世纪后半叶女性日常生活的本质：她们在面对无休止的庸俗家务，包括伺候丈夫或男友、照料孩子的同时，为明确并坚守自我的认同感和独立性所做的努力；心怀艺术抱负的女性兼顾付房租、做晚餐这类世俗烦恼与清理心灵空间双重问题的困难；以及关于政治、哲学、女权主义等强烈信仰与日常生活的妥协之间错综复杂的鸿沟。

埃莱娜和莉拉之间起伏不定的关系一直是四部小说的中心内容。莉拉往往处于挑衅的一方，她逼迫埃莱娜，令她因为没有花更多时间陪伴孩子，以及抛下丈夫和尼诺（很久以前他曾是莉拉的情人）私奔而感到内疚。她是个麻烦制造者，唯恐天下不乱，但若说莉拉老爱指手画脚、暗中破坏，她却也同样慷慨而忠诚。在埃莱娜去巡回签售时，是她照顾埃莱娜的女儿们，把埃莱娜病倒的母亲（她刻薄难搞、说一不二，和托尼·索普拉诺[①]的可怕母亲利维娅一样）送往医院。

在书中，我们通过埃莱娜的双眼了解莉拉，与此同时，费兰特也为我们展示了埃莱娜强硬的一面：她迫切地想要超越自己一直嫉妒的儿时好友；她自私地将自己的写作事业和对尼诺的热情放在孩子们的需求之上；她甚至近乎唯利是图地想把莉拉的人生作为她的写作素材。

多年过去，随着年龄增长，受到各自成功和不幸的影响，莉拉和埃莱娜之间的关系发生了变化，但在很多方面依然一如往昔。埃莱娜仔细地记下了彼此生活的起伏——她觉得这简直像一个"邪恶的魔法"，"一个人的痛苦会转化成另一个人的欢乐，或者正好相反"[②]——莉拉揭示了，在这个世界上"没

[①] 美剧《黑道家族》男主角，黑手党老大。

[②] 陈英译：《我的天才女友》，北京：人民文学出版社，2017年。

有什么可赢取的"，"她的生活中充满了各种或好或坏的事情，惊心动魄的事情，和我经历的一切相比，毫不逊色。时间只是毫无意义地过去，偶尔见见面很美好，只是为了听一下另一个人的脑子里疯狂的声音，还有这种声音在另一个人脑子里的回响"①。

① 陈英译:《新名字的故事》，北京：人民文学出版社，2017 年。

大卫·芬克尔作品

《英勇的战士》（2009）

《感谢您为国效力》（2013）

>>>> ✿ <<<<

随着反恐战争——"最长的战争""永远的战争""我们的孩子的孩子的战争"——持续进行，与之相关的优秀作品源源不断涌出，包括菲尔·克雷精彩动人的短篇集《重新部署》，戴斯特·费尔金斯尖锐的非虚构作品《跑步在最绝望的城市：从喀布尔到巴格达的战地报道》，以及本·方丹震撼人心的小说《比利·林恩的中场战事》。

关于这场战争最惊心动魄的两本书，是《华盛顿邮报》的编辑大卫·芬克尔所著的《英勇的战士》和《感谢您为国效力》。他记录了来自2-16步兵营的士兵在伊拉克度过的煎熬岁月以及艰辛的返乡之旅。这些士兵的坦率和流利的口才撑起了这本书，他们向读者展示了入侵伊拉克这一决定以及战争的"毁灭性开端"对他们造成的影响。在阴差阳错的命运之下，这些士兵发现自己驻扎在巴格达边缘的一个危险区。他们身处一个名为"鲁斯塔米亚前进作战基地"的荒凉之地，一个"脏兮兮"的地方，附近的街道被命名为冥王星路、女尸路和捕食者路等，而捕食者路上"经常埋着炸弹"。

和迈克尔·赫尔的《快件》、蒂姆·奥布莱恩的《士兵的重负》一样，芬克尔的书捕捉了震撼心灵的战争体验——担忧、期待、暴力、恐惧，以及士兵们目睹人性真相的偶然时刻，日复一日，分分秒秒，在他们回家后，那些可怕的画面在很长一段时间里还会继续在他们的记忆中闪回。

我们会在书中认识这些平均年龄 19 岁的年轻士兵，他们背着 60 多磅①重的盔甲和武器进行日常巡逻，开车行驶在布满简易爆炸装置的道路上，在可能隐藏狙击手和饵雷的建筑物中搜寻叛乱分了。

芬克尔向我们介绍的人物之一是营长 ——中尉拉尔夫·考兹拉里奇，"一个长着一对招风耳的瘦男孩，他井井有条地把自己塑造成了一个做俯卧撑最多、跑得最快的人。他认为人生是意志力的日常贯彻"——他是一个冷酷的乐观主义者，相信他的士兵将会是赢得战争的"关键"，被他的士兵称作"迷失的考兹"。

我们通过芬克尔认识的另一个士兵是亚当·舒曼，初次入侵时，他觉得自己像是"坐在前排座位上看有史以来最棒的电影"。他成了一名伟大的士兵——"聪明，正直，可敬"，坚持"在每一次执行任务时都坐在领头悍马的前排右座上"。但是，据芬克尔记载，舒曼回家时已心如死灰，无法忘记所有

---

① 1 磅约等于 0.45 公斤，60 多磅约合 27 公斤。

> 芬克尔的书捕捉了震撼心灵的战争体验——担忧、期待、暴力、恐惧，以及士兵们目睹人性真相的偶然时刻，日复一日，分分秒秒。

的死亡和失去，无法忘记他的朋友、一级军士詹姆斯·多斯特"在一项本该由亚当执行的任务中"被路边的炸弹"炸成碎片"。

美属萨摩亚的陶索罗·艾提在 26 岁时已完成三次作战部署，同样也无法忘记载着他和三名同志的悍马车被炸弹击中的那一天。他从未梦见过自己救下的两个士兵。他只梦见过一个人，詹姆斯·哈里森，他没能把对方从熊熊燃烧的车里拉出来："浑身是火的哈里森质问他，'你为什么不救我？'"

芬克尔精准捕捉了人与人之间的同志情谊，并讲述了士兵们回国后向退伍军人事务部的官僚机构寻求创伤后应激障碍（PTSD）治疗而遇到的困难。他还记录了他们的家庭为重返正常生活所付出的努力——或者，考虑到他们难以摆脱的身心创伤，用一位退伍军人妻子的话来说更准确，他们只是在努力帮助士兵们"对未来唤起合理的期待"。

这两本书对战争文学做出了令人难忘的惊人贡献。

关于"9·11"事件和反恐战争的书

《巨塔杀机:"基地"组织与"9·11"之路》(2006)

劳伦斯·赖特 著

《跑步在最绝望的城市:从喀布尔到巴格达的战地报道》
(2008)

戴斯特·费尔金斯 著

《恐怖的解剖:从本·拉登之死到 IS 的崛起》(2017)

阿里·苏凡 著

>>>> ◇ <<<<

　　自"9·11"事件发生以来,有关反恐战争的书层出不穷——关于"基地"组织和 ISIS,美国在阿富汗和伊拉克的战争,还有这些战争对士兵、平民、美国以及中东地区造成的后果。

　　很多此类主题的书都给予人们深刻的启发和见解,它们对于理解 2001 年 9 月那个恐怖星期二早晨发生的事件的起因,以及之后几年发生的事情至关重要。我经常赠送或推荐以下三本书给对此感兴趣的朋友们。

➤➤➤ ✦ ◀◀◀

《纽约客》特约撰稿人劳伦斯·赖特的《巨塔杀机》以500多篇采访为基础，将"9·11"悲剧事件置于更大的政治和文化框架下，以尖锐的视角对其进行审视。通过聚焦几位关键人物的生活和事业，赖特进行了非常深入而即时的叙述，提醒我们政治和个人命运如何时常交织在一起。

赖特认为，"历史的构造板块确实正在改变"，这促使不同文化之间出现了一段冲突时期，但是，"基地"组织的出现也"依赖于独特的个性结合"——尤其是奥萨马·本·拉登领导了"一个已经破产并被流放的组织"，以及他的副手艾曼·扎瓦希里，他宣扬"只有暴力才能改变历史"的末世观念。

《巨塔杀机》一书还认为，"9·11"事件并非不可避免。相反，厄运、特定的决策以及机缘巧合，外加美国官员的踟蹰不决，都是导致"基地"组织得以在那个9月的晴天成功实施其罪恶计划的原因。

书中对于一系列人物形象的刻画和对本·拉登和扎瓦希里的真实描写相互交错，同样令人印象深刻：行事张扬的

FBI[1] 反恐部门主管约翰·奥尼尔（在因"9·11"事件中身亡之前，他已从 FBI 离职，就任世贸中心的安全主管），和一队多年来一直为"基地"组织殚精竭虑的 FBI 和 CIA 专员，在"9·11"事件发生前的几个月里，他们面对官僚主义的盲目自满和内部争斗，仍然废寝忘食地工作以阻止可能发生的袭击。

>>>> ✿ <<<<

戴斯特·费尔金斯在《跑步在最绝望的城市：从喀布尔到巴格达的战地报道》一书中，以他为《纽约时报》撰写的伊拉克和阿富汗战争相关的新闻报道为基础，用非凡的文笔和洞察力记录了战争。这是一本悲痛而坚定的书，它给予人类的悲伤和不堪忍受的痛苦一种真实可感的艺术化理解，同时将记者外勤工作和宏大历史背景巧妙融合。书中在那里作战的年轻美国士兵，以及在美国人离开后知道自己还得继续在那里生活很长一段时间的伊拉克人，都给我们留下了深刻的印象。

费尔金斯描述了某一瞬间虚幻的希望：当数百名伊拉克人穿着他们最体面的衣服涌进费卢杰[2]青年中心，为了参加一

---

① FBI 即美国联邦调查局，下文的 CIA 指中央情报局。
② 费卢杰位于伊拉克安巴尔省，在首都巴格达以西约 69 公里处，是连接巴格达、拉马迪、约旦的重要交通枢纽。

个美国式会议——为省级议会选代表；他描述了这座城市如何迅速沦为叛乱分子的据点，并且在美国力图攻克它时遭受的重创；他还描述了连续不断的汽车炸弹袭击，绝望的平民成为叛乱分子的目标，众多家园和整个街区被美军的轰炸夷为平地，还有人们为自我防护而建造的铁丝网和防爆墙，以及伊拉克和美国政客们口中的谎言。

他还向我们介绍了哈立德·哈桑，一个来自巴勒斯坦的伊拉克年轻人，他在巴格达为《纽约时报》工作。一天，一群持枪歹徒靠拢他的车，将他开枪打死。还有巴格达牙医法赫里·盖西，身为逊尼派宗教激进主义者，他是什叶派敢死队的眼中钉；因为自愿与美国人打交道，他受到逊尼派叛乱分子的误解，同时又因与叛乱有关联而遭到美国人的盘问。

费尔金斯写道，当他身处伊拉克时，他就像"身处太空舱内，在最远的轨道上绕着地球转，就像人造卫星上的莱卡①——太空中的一条狗。我把信号传回基地，漂泊，失重，不再计算时间。家园是一个遥远的地方，吞噬了我传送回去的一切信息，人们无知而快乐，但又翘首以盼，令人动容"②。

---

① 流浪狗"莱卡"是第一个上太空的地球生物，借由苏联人造卫星"史波尼克二号"踏上地球轨道的第一位活乘客。

② 黄缇萦译：《跑步在最绝望的城市：从喀布尔到巴格达的战地报道》，杭州：浙江人民出版社，2014 年。

离开也同样艰难，他已经"成为这里的一部分，成为绝望的一部分，成为死亡、变质食物、高温炎热和沙棕色的一部分"。

在《恐怖的解剖》一书中，前 FBI 特工阿里·苏凡将"基地"组织和其邪恶的分支 ISIS（"伊斯兰国"）进行比较，并将这些恐怖组织类比为神话中的九头蛇：砍掉它的一个头，会更快地长出两个头。

苏凡在劳伦斯·赖特的《巨塔杀机》一书中扮演了关键角色，他在追捕和审讯恐怖分子方面有着丰富的知识和实战经验。他是反恐行动和"9·11"事件调查的主管，在确认"9·11"劫机者和哈立德·谢赫·穆罕默德为这一系列袭击的策划者的过程中，他发挥了重要作用。苏凡并非通过严刑拷打获取关键情报，而是通过与他的研究对象建立融洽的关系，并运用传统逻辑和心理学，与他们就古兰经的解读进行辩论。事实上，他直言不讳地批评布什政府所谓的强化审讯技术，认为酷刑有违道德准则和美国精神，并且收效甚微——它会导致错误的线索和不可靠的情报，还会成为恐怖分子发展新成员的催化剂。

在《恐怖的解剖》一书中，苏凡详细地描述了"基地"组织的官僚运作，以及奥萨马·本·拉登对微观管理的偏好（"请把所有可能被任命为高级行政人员的弟兄的简历发给我"）。他还对比了"基地"组织和 ISIS 的不同理念和发展轨迹，认为是两方领导人的个性塑造了这两个组织。谈到善于辞令的本·拉登和阿布·穆萨布·扎卡维——扎卡维是一名性情暴躁的激进分子，也是后来的 ISIS 创立者——之间的关系时，苏凡引用了一名情报官员的话：这是一种"第一眼的厌恶"。

苏凡强调了美国入侵伊拉克及其失败的占领在助长恐怖主义、制造混乱和伊拉克权力真空方面扮演的糟糕角色——这是滋生叛乱暴力和流血事件的完美温床。美国做出的两个灾难性决定——解散伊拉克军队和禁止萨达姆·侯赛因领导的复兴社会党成员执掌政权——将被证明是致命的错误。

苏凡让我们敏锐地感知到这些恐怖组织的运作方式。他还分析了导致个人成为"圣战"分子的首要因素，以及"基地"组织和"伊斯兰国"利用宣传招募成员和打响名号的方式。

"知己知彼，"苏凡引用《孙子兵法》的话，并补充道，在这场战争中，同理心是个有用的工具——"不是口语化的分享他人观点，而是临床意义上的能够通过他人的眼睛看世界。"他写道，通过了解"基地"组织和"伊斯兰国"，我们可以更好地"对抗他们所代表的破坏性意识形态"。

《了不起的盖茨比》

（1925）

F.S. 菲茨杰拉德　著

➤➤➤ ❖ ◄◄◄

如同凡·高的《星空》和达·芬奇的《蒙娜丽莎》一样，《了不起的盖茨比》也因被大家过于熟悉而受到负面影响。我们许多人不得不为菲茨杰拉德的小说写高中论文，剖析他对象征手法的使用（绿灯、艾克尔伯格医生的眼睛、灰谷），以及他对阶级、地位和金钱的看法。

更糟糕的是，巴兹·鲁尔曼于 2013 年拍摄的那部纸醉金迷的改编电影感觉就像是普拉达和蒂芙尼等设计品牌的两个多小时的广告，伴随着无耻的商品推销——其中包括布鲁克斯兄弟、M.A.C 化妆品公司甚至特朗普酒店的促销活动，该酒店提供 14999 美元的特别套餐（包含三晚俯瞰纽约中央公园的套房住宿、专人接送的汽车服务，以及一件伊万卡·特朗普品牌的珠宝）。

虽然这些营销推广活动有意歪曲了菲茨杰拉德的意图，但《了不起的盖茨比》还是经久不衰。在它出版近一个世纪后，它仍然是关于美国梦的希望和失落这一主题最具代表性

的精品之一。这部薄薄的小说同时也是一首华美的散文诗，讲述了"新世界里一片清新翠绿的土地"曾在移民心中激起的惊奇感；它也是一幅惊人的画卷，描绘了这个梦想如何被贪婪和堕落玷污，难以辨别什么是"那盏绿灯，那极乐的未来"，什么是成功人士华而不实的装饰品和转瞬即逝的财富。

我们通过叙述者尼克·卡罗维的视角来看待盖茨比，因此，我们既可以欣赏他"对人生希望的高度敏感"，也可以领会到他执迷于"重回过去"的荒诞；他天真地坚信自己能实现"柏拉图式的自我理念"，赢回梦中情人黛西；他对于像布坎南[①]这类人的认知带有一种致命的无知，这些人"砸碎了东西，毁灭了人，然后就退缩到自己的金钱或者麻木不仁或者不管什么使他们系在一起的东西之中，让别人去收拾他们的烂摊子"。[②]

《了不起的盖茨比》是一曲爵士时代的挽歌。它的文风炙热而富有绘画色彩，精准又引人入胜地描绘了20世纪20年代的纽约市。但本质上，这是一个关于幻想破灭的故事——尼克和盖茨比的幻想化为泡影，继而预示了菲茨杰拉德后来在他的自传散文集《崩溃》中记录的那种情绪衰竭感。

菲茨杰拉德写道："他（盖茨比）不知道那个梦已经丢在他背后了，丢在这个城市之外那一片无垠的混沌之中不知什么

---

① 汤姆·布坎南，黛西的丈夫，是金钱主导下的拥有世袭财富的旧世界力量的代表。

② 巫宁坤译：《了不起的盖茨比》，上海：上海译文出版社，2016 年。

地方了，那里合众国的黑黝黝的田野在夜色中向前伸展。"

至于他的自传《崩溃》，菲茨杰拉德把他对逝去青春的怀念与美国在20世纪20年代的繁华盛景因大萧条而戛然而止时所经历的幻灭和绝望融为一体。"往日的快乐，"他回忆道，"时常伴随着狂喜向我袭来，这狂喜如此强烈，以至于最亲近的人都无法与我分享，我只能带着它走开，走到静谧的大街上、小巷里，只留些许碎片，好蒸馏出精华来注入书中的只言片语。"①

---

① 黄昱宁，包慧怡译：《崩溃》，上海：上海译文出版社，2016年。

《古尔德的鱼书：12种鱼的小说》

（2001）

理查德·弗兰纳根 著

正如《白鲸》是一本关于鲸鱼的小说，《古尔德的鱼书》也是一本关于鱼的小说。

19世纪有个小偷兼骗子名叫威廉·布埃鲁·古尔德。在萨拉岛上臭名昭著的塔斯马尼亚监狱服刑期间，他创作了一系列栩栩如生的鱼类画作。弗兰纳根的小说通过他的自述，为我们描绘了罪犯流放地痛苦不堪的生活，在那里，几乎所有人的结局都十分悲惨。与此同时，这部光彩夺目、变幻莫测的小说展开了一系列哲学思考，从艺术、自然和历史到人类的苦难和超然，从英国殖民主义和启蒙时代的狂妄自大所造成的毁灭性后果，到对澳大利亚原住民进行种族灭绝屠杀的"可憎时代"，范围之广令人眼花缭乱。

《古尔德的鱼书》是一部大胆颠覆的原创小说，但它仍在读者的脑海中引发了联想的多米诺骨牌效应：它让人想起麦尔

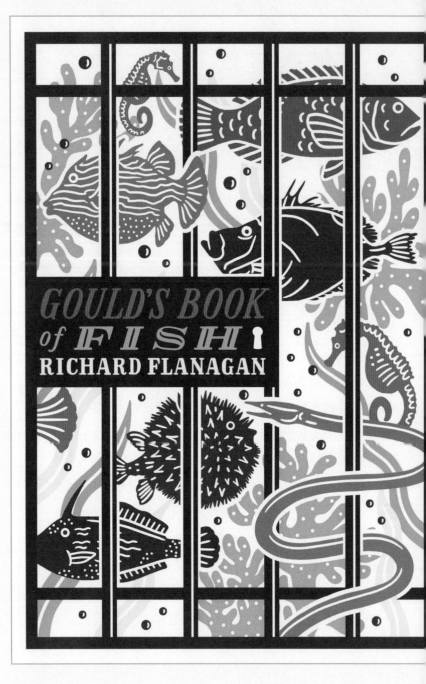

GOULD'S BOOK
of FISH
RICHARD FLANAGAN

维尔、乔伊斯和加西亚·马尔克斯，拉伯雷和斯威夫特，亨利·菲尔丁和劳伦斯·斯特恩，彼得·勃鲁盖尔和耶罗尼米斯·博斯等等艺术大师。正如弗兰纳根所说，古尔德那些关于鱼的画作概括了艺术家所了解、喜爱和恐惧的一切，弗兰纳根自己在书中也是如此。他用文字的魔力召唤出古尔德入狱前走过的五花八门的世界，以及他在脑海中创造的想象世界。这里有各种各样令人惊奇的事物——恐怖的、美丽的，包括一只凶残的猪，一个会说话的头，一座从南太平洋沙滩冉冉升起的粉色大理石宫殿，和一群"把羽毛颜色画得很像小金刚鹦鹉，而且训练有素、能像教皇一样背诵忧郁诗句"的风头鹦鹉。

　　弗兰纳根笔下的古尔德——被描述为一个"慢性子、绿眼睛、豁牙露齿、蓬头垢面"的罪犯——正在臭气熏天的牢房里等待处决，只要潮水一来，牢房里每天都灌满了水。他讲述了自己早期在英国和美国的冒险经历，声称曾和一个名叫奥杜邦的人一起学习绘画。在随心所欲、语无伦次的叙述中，他回忆起自己如何"东游西荡，起初是为了寻找黄金和荣耀，后来是为了寻求对自己人生的解释"，以及作为一个萨拉岛上的囚犯，他是如何决定将自己重塑为一名艺术家的。

　　他意识到，逃避更繁重劳役的办法是为狱卒伪造康斯特布尔①的画(狱卒把它们卖了，换了一大笔钱)，以及为监狱司令官画像。这位癫狂的司令官梦想着把欧洲的辉煌带到这座荒

---

① 英国风景画画家，是 19 世纪最伟大的风景画画家之一。

弗兰纳根所述的古尔德的故事与昂利·沙利叶在《巴比龙》中关于自己被囚禁在魔鬼岛战俘营的著名记述一样悲惨，也与豪尔赫·路易斯·博尔赫斯笔下莫比乌斯带式的故事一样具有独创性。

凉的监狱岛屿上，他命令古尔德为一条铁路绘制背景——这条铁路将由奴隶劳工修建，不知通往何处。与此同时，一直以科学探索为梦想的狱医，在古尔德的帮助下，对塔斯马尼亚岛的鱼类进行了百科全书式的调查。古尔德在这项工作上倾注了对大自然的热爱和对自由的向往。

　　弗兰纳根所述的古尔德的故事与昂利·沙利叶在《巴比龙》①中关于自己被囚禁在魔鬼岛战俘营的著名记述一样悲惨，也与豪尔赫·路易斯·博尔赫斯笔下莫比乌斯带②式的故事一样具有独创性。小说充满了对古尔德和他的狱友们所遭受酷刑

---

① 法国作家昂利·沙利叶根据自己真实越狱经历写成的一部自传体小说，作者被称作"当代基督山伯爵"，后改编为同名电影，名垂影史。
② 一种拓扑学结构，它只有一个表面和一个边界。莫比乌斯带为很多艺术家提供了灵感，它也经常出现在科幻小说里面。科幻小说常常想象我们的宇宙就是一个莫比乌斯带。

煎熬的骇人描述，然而面对这个充斥着"无尽的劳动、无休止的残暴和无意义的暴力"的霍布斯式^①世界，它也散发出一种对"宇宙中那些灿烂盛大、无法解释的奇迹"以及人类的想象力能化苦难为艺术的信念。

---

① 17世纪英国哲学家、科学家托马斯·霍布斯设想了一种不存在政府的理想状态，即自然状态或者原始状态——霍布斯丛林（Hobbesian Jungle）。

《福楼拜书信集，1830—1857》

（1980）

弗朗西斯·斯蒂穆勒 编译

福楼拜的"非人格化"艺术原则是众所周知的："作家在作品中应该像上帝在宇宙中一样，到处存在又无处可见。"然而，与福楼拜精心雕琢地展现了自己朴素美学理论的小说相比，他的书信就像 21 世纪的博主写的东西，平易近人、世俗有趣但也会显得顾影自怜。同时，这些书信也为我们打开了一扇重要的窗口，让我们得以一窥这位作家的杰作《包法利夫人》的创作过程。

福楼拜从小就决意要成为一名作家：十岁之前，他已经构思出 30 出不同的剧本；少年时代，他写了一个关于撒旦的雄心勃勃的故事；青年时期，他在克鲁瓦塞乡下的父母家过着隐士般的生活，每天写作（或为写作而苦恼）长达 18 个小时。

他抱怨说，他花了一周的时间才写了一页，却用了三天时间做了两处修改。他谈到在"抒情与粗俗的深渊之间"保持平衡、如履薄冰的困难。他还警告其他作家，写作并没有治疗作用："不要想象你可以通过在艺术中发泄来驱除生活中的压迫。不。心灵的糟粕无法流于纸面，你宣泄于纸上的只是墨水。"

福楼拜常用动物的比喻来表达他在写作上的努力。他声称自己"像骡子一样工作了15年"只为写出一本好书；当他大声朗读自己的句子时，他会"像大猩猩一样"吼叫；他在"鱼一样的寂静中"像"一只爱幻想的牡蛎"花几天时间静静地自省。

福楼拜的信中充满了他对文学、哲学和创造力的思考，也有很多关于他心情和健康的自恋话题（32岁时，他说"我正在变老：牙齿掉光了，很快就秃顶了"）。他和情人露易丝·科莱大约每两个月才见一次，难怪她抱怨道："在信中，古斯塔夫从不跟我谈论除了艺术或是他自己之外的任何事。"

科莱不断恳求他多花点时间和她在一起，而福楼拜总是愠怒地劝她多读书多工作，或是解释为什么他无法成为一个更体贴的伴侣。他太沉浸于孤独，太"被内外的疑虑所折磨"，无法成为"你爱的那个男人。我尽我所能爱你；非常爱，但我知道还不够。我知道，哦，上帝"。

他确实经常给她写信，洋洋洒洒，这些信成了《包法利夫人》创作研究的绝佳资料——他如何设想这部小说，他如何研究这部小说，他如何试着想象自己进入小说中人物的生活，他如何辛苦地修改和重写。仅凭这一点，福楼拜的书信——由学者弗朗西斯·斯蒂穆勒专门编译——就足以成为作家和书迷们津津乐道的读物。

　　"写书和建造金字塔一样,"福楼拜在一封信中写道,"需要预先拟定一个深思熟虑的计划,然后花费气力、时间和汗水,将石头一块又一块地堆砌上去。而这一切都毫无意义!它只是这样立在沙漠里!而书籍比金字塔还高得多。"

《辛纳特拉①！这首歌就是你：一位歌手的艺术》

（1995）

威尔·弗莱德沃德 著

　　他的歌声——被称为"金嗓子"——伴随着一代又一代美国人穿越爱情、浪漫和心碎的礁滩。这是世界上最著名的声音，连接了二战到 20 世纪末期的几十年，这也是数百万人从收音机、自动点唱机和高保真音响中收听并随之起舞的声音。

　　他是个有着邦德式处世能力的硬汉，却柔情款款地唱着寂寞和渴望。他是一名顶尖的拉斯维加斯表演者，比世界上任何歌手都更能坚定有力地表达人类存在的孤独。歌迷们可以仅仅从两三个完美划分的音节中辨认出他的声音。从他不羁的歪戴帽子、挂在一边肩膀上的外套、"骆驼"牌香烟和"杰克·丹尼"威士忌这些特点中，歌迷们立刻就能认出他来。他是最早的青少年偶像，也是新时代名人的先驱。一位作家写道，下雪

---

① 弗兰克·辛纳特拉，美国著名男歌手和奥斯卡奖得奖演员，昵称"瘦皮猴"，20 世纪美国传奇艺人。

时，"女孩们争抢他的脚印，有些人甚至把脚印带回家放进冰箱里保存"。

辛纳特拉从未撰写过回忆录，但他录制的数百首歌曲中蕴藏着他最好的自我：童年时的孤独、年轻时的爱情与成功带来的意气风发，以及与艾娃·加德纳结束婚姻时的心碎。音乐评论家威尔·弗莱德沃德曾写道："辛纳特拉只表达天然的情感，没有解释，也没有任何说教的内容。"他"没有彰显自己的智慧，展现的唯有同理心"。

对于渴望更多了解辛纳特拉的音乐（同样也想更多地了解艺术）的读者来说，没有比威尔·弗莱德沃德的《辛纳特拉！这首歌就是你》更棒的书了——基于对多年来合作过的许多音乐家和编曲者的采访，以及作者本人对歌手全部作品的如数家珍，本书研究揭示了这位歌手的艺术技巧。弗莱德沃德阐述了辛纳特拉《摇摆情人之歌！》(Songs for Swingin' Lovers!)和《只有孤独》(Only the Lonely)这样无与伦比的专辑永不消减的魔力，告诉我们这类作品在流行音乐史上多么独具开创性。书中关于辛纳特拉与内尔森·里德尔[①]合作的部分生动地展现了他们的珠联璧合，双方都推动"对方达到了个人前所未有的高度"。全书还印证了辛纳特拉的完美主义和对细节的专注——不仅表现在他对节奏和韵律的乐句划分与精准控制，还表现在他为保持整张专辑的基调而对每一首歌曲都斟酌再

① 美国配乐作曲家、指挥家、长号手。也是美国流行音乐史上最伟大的人物之一。

三，为每一首歌曲精心挑选对应的合作音乐人，以及对编曲和配乐孜孜不倦的调整。

辛纳特拉的最大天赋在于他娓娓道来的叙事才华，以及将自己最深的情感融入艺术的能力，宛如与生俱来的演技派。"我的生活充满了强烈的情感矛盾，因此我对悲喜有种过度敏锐的感知能力。"他曾这样说，"其他关于我的风言风语都不重要：当我歌唱时，我相信，我是真诚的。"

《百年孤独》

（1967；英译本，1970）

加西亚·马尔克斯 著

格里高利·拉巴萨 译

  一个男人每次出现时都伴随着一群黄蝴蝶；一种症状表现为失眠症和健忘症的瘟疫，使人们不得不给每件东西都贴上标签（"这是奶牛。每天早上都要给她挤奶。"）；在南美洲丛林初次见识冰块的奇迹；一个裹着晾衣绳上的床单飞上天的美女；一个沉迷于反复制作和熔化小金鱼的金匠；一场持续 4 年 11 个月零 2 天的暴雨；一份预示了一个家庭未来的神秘手稿——在加西亚·马尔克斯的经典文学巨著《百年孤独》中，这只是众多光怪陆离的画面中的几个。

  作为魔幻现实主义大师，加西亚·马尔克斯在他的小说中以无穷的想象力和丰富的技巧创造了奇迹。他坚信超凡与世俗、习以为常与异想天开之间有一层渗透膜，这部小说就是这一信念的佐证。在《百年孤独》中，他讲述了一个虚构的小镇马孔多以及布恩迪亚家族七代人的故事。这个故事读起来像一部拉美神话史，也像一部关于堕落世界中人类兴衰变迁

的圣经史诗。

魔幻现实主义在拉美等地盛行，在那些地方，历史上的战争、革命和独裁者常常让人有超现实感，远超自然主义叙事技巧的驾驭范围。就加西亚·马尔克斯而言，他对奇幻故事的迷恋不仅源于他的家乡哥伦比亚的内战和政治动荡，也源于他自己的童年和家族史。他成长的偏远小镇阿拉卡塔卡便是小说中马孔多的原型——在这里，现实与梦想的界线渐渐消散并模糊不清，就像在费里尼或布纽尔①的电影里一样。为了让这个天马行空的男孩拥有肆意涂抹和幻想的空间，马尔克斯的外祖父把工作室的墙壁刷成了白色；而他的外祖母则每天给他讲述自己经历的各种幻象——独自摇晃的摇椅，"从花园里飘来的茉莉花香"，就像"一个看不见的幽灵"。

加西亚·马尔克斯的作品核心不是政治，而是时间、记忆和爱。民族和家庭的历史如何自我循环，过去的时光如何塑造现在，激情如何改变生活轨迹——在《百年孤独》和另一部小说《霍乱时期的爱情》神奇的首尾呼应中，都体现了这些贯穿全书的旋律。

在问世半个世纪后，《百年孤独》成为有史以来最具影响力的小说之一。它融合了福克纳和乔伊斯的现代主义创新，激励了新一代的作家们，从托妮·莫里森②到萨尔曼·拉

---

① 费里尼，意大利电影导演、编剧、制作人。布纽尔，西班牙电影导演。
② 美国黑人女作家，1993 年获诺贝尔文学奖。

什迪^①，再到朱诺·迪亚斯^②。它还是一本"奇迹和魔法"之书，写实和幻境之书，它超越了语言和文化，证明了人类想象力的惊人力量。加西亚·马尔克斯带我们在书中领略了五彩斑斓的世界。

---

① 印度裔英国作家。其作品风格往往被归类为魔幻写实主义，显示出东西方文化的双重影响。
② 多米尼加裔美国作家。

《创意工场：贝尔实验室与美国革新大时代》

（2012）

乔恩·格特纳 著

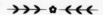

在当今这个苹果、谷歌和"脸书"流行的时代，大多数读者对于"贝尔实验室"这个名字或许没有什么特别的印象。然而在 20 世纪 20 年代到 80 年代的几十年间，贝尔实验室作为 AT&T[①] 的研发部门，曾是当时世界上最具创新能力的科研机构。正如乔恩·格特纳在其新书《创意工场》中所表述的那样，贝尔实验室为世界创造了未来。

贝尔实验室是许多科技创新的幕后功臣。这些革新定义了人类的现代生活，包括晶体管（一切电子产品的基石）、激光、硅太阳能电池和 UNIX 操作系统（它是众多其他计算机语言的基础主机系统）。贝尔实验室还开发了首颗通信卫星、首个移动电话系统以及首个光纤电缆系统。

---

① 美国电话电报公司（AT&T）是一家美国电信公司，成立于 1877 年，曾长期垄断美国长途和本地电话市场。

贝尔实验室的科学家克劳德·艾尔伍德·香农是信息通信理论的奠基人，他的理论彻底改变了关于通信的思维。实验室的其他研究员则帮助打破物理学、化学和数学之间的界线，重新定义了新型工业生产过程，比如质量控制体系。

格特纳向我们介绍了贝尔实验室非凡成就背后的那些科学家们，将他们激动人心的发明创造通俗易懂地介绍给了广大读者。格特纳巧妙地将这些科学家的研究工作放在人们已知的背景中加以阐述（此后几十年间，从他们最初的创意迅速演变而成的科学成果），他还用明晰易懂的术语向读者描述了某项发明转换为科学成果的过程——有时是机缘巧合，有时则依靠坚持不懈的工作——同时还叙述了极富想象力的工程师将创意变成创造发明，最终投入大规模生产的整个过程。

与此同时，格特纳精准捕捉了该公司新泽西园区内热火朝天的学院氛围：一种融合了创业热忱、学术探究以及实现最初在技术上似乎不可能实现之事的激情的混合体。他认为，研究员出身的实验室执行主席马威尔·凯利富有远见的领导力，对于贝尔实验室的创新研究起到了重要作用，他有效地将创新研究过程制度化。凯利坚信，一所"科技创新机构"需要相当数量的天才科学家。凯利将这些科学家都集中到贝尔实验室的一栋大楼里，鼓励物理学家、化学家、数学家和工程师相互交流，他还给予这些科学家足够的时间来进行他们自己的科学研究，"有时候甚至连续好几年都没有具体目标"。

当然，这种自由基于稳定的现金流之上。20 世纪 80 年代

格特纳向我们介绍了贝尔实验室非凡成就背后的那些科学家，将他们激动人心的发明创造通俗易懂地介绍给了广大读者。

初，在垄断企业 AT&T 公司还未拆分之前，贝尔实验室的开销都来源于电话用户每月的支付账单，这使贝尔实验室能"像一个国家级实验室"一样运转。和现在时刻关注季度报表的很多科技公司大不相同，鼎盛时期的贝尔实验室可以耐心等待和寻找格特纳所谓的"有新意的基本理念"，同时调动其众多工程科研人员来"开发完善这些理念"——创造新产品，然后使产品更便宜、更高效、更耐用。

格特纳还指出，也正是贝尔实验室的成功为它日后走向衰亡埋下了隐患。贝尔实验室创造了太多创新想法，仅凭 AT&T 单个公司无法将它们一一落地，而其中一些创新（比如晶体管）极大地改变了技术格局，使公司核心业务被削减为信息电子科技迅猛发展领域中的很小一部分——这一领域渐渐被其他竞争对手所主导，拆分后的 AT&T 公司从此无力与之抗衡。

此外，一位贝尔实验室的研究员观察到，意味着"无拘无束的研究"的新商业环境对于一家公司来说已不再是一项合理并且必要的投资。用格特纳的话来说："公司只能通过追求一种增量策略来获取利润，而不是依靠某种颠覆性的发现或发明。"

《边缘世界》

（2014）

威廉·吉布森 著

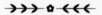

　　威廉·吉布森不仅在 1982 年创造了"赛博空间"这个词，而且在他 1984 年的处女作《神经漫游者》中，还预示了互联网——"投射入同感幻觉的巨网"①——及其将对我们思考和联系方式产生的巨大影响。

　　他在 2014 年出版的小说《边缘世界》同样展现了其不可思议的洞察力，他描绘了两个令人真切感觉到不祥的未来。这是吉布森的众多才能之一：他能够想象出复杂的世界，这些世界既是通往未来的预言之窗，也是映射出我们当今时代的可怕镜子。与唐·德里罗一样，他具备一种专注于当代生活超凡异象的人类学家的本能，同时也对技术变革如何推动社会和文化变革有着敏锐的理解。

　　《边缘世界》的第一个未来把我们带到美国南部的一个小镇。在那里，除了制毒和数字盗版，几乎没什么工作机会，

---

① Denovo 译：《神经漫游者》，南京：江苏凤凰文艺出版社，2013 年。

THE PERIPHERAL

WILLIAM GIBSON

大卖场和沿公路商业区占据了所有视线，监控和国土安全部（"国安"）无处不在。吉布森笔下机敏的女主人公弗琳·费希尔在一家 3D 打印店工作，是一位很有天赋的游戏玩家（角色昵称"冰易"）。她的哥哥伯顿是一名退伍老兵，正在从创伤后应激障碍症中恢复，他一直在为一家神秘的数码公司工作，以补充自己微薄的残疾补助。

吉布森的第二个未来将我们带到了 22 世纪早期一个人烟稀少、"中了大奖后"的伦敦。这个未来对 2020 年左右的读者来说也熟悉得令人不安。这是一个由盗贼统治的城邦，它掌握在大企业家、新君主主义者和寡头手上；电视真人秀已经与政治融为一体，只有超级富人日益兴旺。

我们从书中得知，"大奖"这个词是指一种毁灭了 80% 人口的进程缓慢的末日天灾："不是彗星撞击，也不能称之为核战争。只是其他一些与气候变化密不可分的原因：干旱、水资源短缺、作物歉收……所有顶级捕食者都消失了，抗生素已经不起作用，疾病没有造成全球大流行，但也足以成为历史事件。"

弗琳接替她哥哥工作时（他显然正在玩一个游戏的测试版），目睹了一个女人被谋杀的可怕场景。这场谋杀似乎不仅发生在网络上，也发生在现实生活中——发生在"中了大奖后"的伦敦。接下来是一个怪诞的博尔赫斯式侦探故事，它跨越了多个时区，长达数十年，强调"外围设备"——令用户可以穿梭时空的类电子人的虚拟身份。

外围设备、高科技无人机、纳米技术——这些都被生动地一一呈现出来。但是在吉布森的故事中，无论是真实世界与虚拟世界之间的界面，还是人与机器之间的界面，都比硬件更重要。这个故事同样涉及了技术——数据、信息、误报、算法——如何改变人们的日常生活和人们对自身的理解，数据检索和人工智能如何重塑我们的历史感并创造怀旧和失落感，以及科学为人类打开新视野的同时，如何提醒人类终有一死的命运和注定的局限性。

《咨询室的秘密：倾听你的人生故事》[①]

（2013）

斯蒂芬·格罗斯 著

　　弗洛伊德著名的案例分析，例如《杜拉》《狼人》《小汉斯》和《鼠人》，既是精神分析类读物，也是悬疑侦探故事，同时也是蕴含现代主义小说所有剧情和矛盾的含蓄叙事。弗洛伊德不仅是一位强大的故事讲述者，其分析方法和见解还与文学批评和小说架构有许多共通之处。他笔下的病人肖像彰显了他的双重技巧：作为一名批评家，他致力于解析研究对象的生活；作为一个技艺精湛的故事讲述者，他擅长利用并不可靠的叙述者来探索爱、性和死亡的奥秘。他喜欢写莎士比亚、歌德、易卜生和索福克勒斯笔下的角色（是的，俄狄浦斯！），他对他的病人使用的语言和意象格外关注，这一切都不是巧合。

　　精神分析学家斯蒂芬·格罗斯任职于伦敦大学学院精神

---

① 原书名为 *The Examined Life: How We Lose and Find Ourselves*，此处以中译本为准。

分析研究所和精神分析系，他在《咨询室的秘密》一书中分享了弗洛伊德最有说服力的作品中最优秀的文学特质。这本书将作者身为精神分析学家 25 年的工作经验浓缩成一系列短小精悍的章节，读起来就像契诃夫和奥利弗·萨克斯的结合。格罗斯令人信服地描述了精神分析过程的复杂性，引导我们与他的病人产生共鸣，体会他们的失落和遗憾，从而惊叹于人类思想的错综复杂。

格罗斯引用作家伊萨克·迪内森的话："如果你把悲伤写成故事，或以故事形式讲述出来，那么一切悲伤皆可承受。"他接着说，故事可以帮助我们理解自己的生活，但是，如果"我们无法找到一种方式来讲述我们的故事，那么这说明：我们幻想出了这些故事，逐渐表现出一些症状，或者发现我们正以自己不理解的方式行事"。

与弗洛伊德一样，格罗斯热爱文学典故，善于挖掘文学经典中的心理潜台词。他把狄更斯的《圣诞颂歌》看作"一个非同寻常的心理转变的故事"。他认为，这本书教会我们的一点是，"斯克鲁奇①无法重返过去，也无法确定未来"，他意识到改变只能发生在此时此地。格罗斯补充说，这很重要，因为试图改变过去只会让我们感到无助和沮丧。

这一观察结果呼应了克尔凯郭尔②对"最不快乐的人"

---

① 狄更斯《圣诞颂歌》中的主人公，原本是一个自私透顶的守财奴。圣诞之灵在一个圣诞夜探访了他，彻底改变了这个孤独而冷漠的老人。
② 丹麦哲学家、诗人，现代存在主义哲学的创始人。

的定义，即无法做到活在当下，沉溺于过去的记忆或未来的希冀中。

在书中，格罗斯对他的病人充满同理心，会在倾听他们自身的担忧时，温和地鼓励他们认识生活的模式。他安慰一位病人，答应会和她一起面对所有的问题，并向一位重病患者保证自己会定期去医院看他，每周五次。格罗斯写道，作为一名精神分析学家，意味着每天要"与另一个人单独相处，思考——努力活在当下"。他是一个"导游———半侦探，一半翻译"——也是一名编辑，帮助病人把他们的故事串连起来，帮助他们理解他们的生活，或者，至少使他们相信他们"活在另一个人的脑海里"。

《奔腾年代》

（1999）

劳拉·希伦布兰德 著

在我的成长过程中，并没有所谓的"青少年读物"。相反，我在当地图书馆搜寻的书是"南茜·朱尔"系列侦探小说（我在房间的另一头就能从那堆黄色封面里认出其中一本）、莱曼·弗兰克·鲍姆的《绿野仙踪》，还有像乔伊·亚当森的《生而自由》《生活自由》和希拉·伯恩福德的《惊人的旅行》这样的动物故事。《惊人的旅行》讲述的是三只宠物穿过几百英里的加拿大荒原回家的故事。

我读到的第一本尤金·奥尼尔的作品是《一只狗的遗嘱》，第一本斯坦贝克的作品是《红马驹》。

6 岁左右起，我最喜欢的就是关于马的书籍：伊妮德·巴格诺尔德的《玉女神驹》，瓦尔特·法利一本接一本的"黑神驹"系列小说，还有玛格丽特·亨利（由韦斯利·丹尼斯绘制插图）的任何作品，例如《辛可提岛的迷雾》《风之王》和《布莱迪的大峡谷》。这一切都为我成为《奔腾年代》的理想读者打下了基础。这本书出版于 1999 年，作者是劳拉·希伦布兰德。

　　假如有人难以理解除了最忠实的动物书迷之外，为何会有人想读一本关于马的长达400多页的书，那么我应该指出，"海饼干"不是一匹普通的马：它有多达4000万粉丝守在收音机前收听它每周的比赛实况。据报道，1938年它占据的报纸头条超过了罗斯福、希特勒或墨索里尼。那一年，它和它的劲敌"战将"的比赛是十年来最大的体育盛事之一，让东西海岸的两方赛马迷势不两立。希伦布兰德通过"海饼干"的故事，敏锐地刻画了大萧条时期的美国人逃避现实的生活状态，以及迅速兴起的大众媒体营销明星的风气——这段历史在一定程度上也映射了当今时代。

　　尽管《奔腾年代》主要遵循我儿时喜欢的动物故事以及经典体育报道的传统来讲述激动人心的故事，但用吉姆·麦凯在ABC电视台《体育大世界》中的话来说，它传递了"胜利的激动和失败的痛苦"。

　　"海饼干"的出场是失败者的缩影——它是一匹身材矮小、腿又短又粗、长期有体重问题的马，有着友好的大型犬一样随和的性情——却最终轻松击败了毛发光滑、容易兴奋的三冠王"战将"。它在"世纪之战"中赢得的胜利被视为西海岸对东海岸的胜利、蓝领和工薪阶层对贵族精英的胜利。

　　希伦布兰德对"海饼干"的人类伙伴的描写也同样出色。书中有它的驯马师汤姆·史密斯，他曾是一名野马牧马人；它的主人查尔斯·霍华德是一位白手起家的汽车销售大亨；还有他的骑师强尼·"莱德"①·波拉德，一个斗志旺盛、百折不挠的老手。

　　"海饼干"于 1940 年退役后，数以万计的粉丝前往旧金山以北 150 英里的霍华德农场看望它。在那里，"海饼干"长胖了，成了一百多只小马驹的父亲，而且"幸福快乐"。和我小时候喜欢的那些动物故事相比，这个结局即使算不上更皆大欢喜，也可以说是不相上下了。

---

① 莱德（Red）意为红色，此处是昵称，因为骑师有一头红发。

《美国政治中的偏执风格》

(1964)

理查德·霍夫施塔特 著

在半个多世纪后，再读历史学家理查德·霍夫施塔特的《美国政治中的偏执风格》，就像是在读对唐纳德·特朗普推行的那些令人恐惧不安的政治的精准描述。

霍夫施塔特将"偏执风格"定义为一种以"极度夸张、怀疑和阴谋论幻想"为特征的态度，并聚焦在对于"一个国家、一种文化、一种生活方式"的感知威胁上。其言论带有末世感，观点极端。它把敌人视为十恶不赦、无所不在，却把自己包装成"守卫着文明的路障"。

霍夫施塔特指出，"偏执风格"并不是一个新现象。反天主教、反移民的一无所知党 ① 在 1855 年将其推至巅峰，当时有 43 名国会议员公开表示效忠，但该党在各派系分崩离析后，其权力很快烟消云散。这种有害的态度会再次爆发：尤其是

① 在 1849 年的纽约，一群信仰新教的美国本土主义者秘密成立了一个名为"美国星条旗骑士团"的组织，以维护美国主流文化不受外来移民破坏为己任，并逐渐发展壮大成为全国闻名的 The Know-Nothing Party（一无所知党）。

20世纪50年代议员约瑟夫·麦卡锡领导的反共狂热，以及60年代州长乔治·C.华莱士登上美国政治舞台，在种族主义者和白人工人阶级的愤怒推动下参加了总统竞选。

霍夫施塔特认为，"偏执风格"的早期例子，如反天主教运动，往往采取防御姿态——抵御已感知的"对已然确立的生活方式的威胁"。相比之下，他写道，当代右翼倾向于代表已经感到被边缘化的人群，"美国在很大程度上已经不属于他们及其族群，尽管他们决心努力重新掌控它"；他们感到"美国的传统美德已经被国际主义者和知识分子蚕食殆尽"。

霍夫施塔特的这番话惊人地预言了茶党运动[①]和被唐纳德·特朗普煽动利用的民粹主义、反移民本土主义的诞生。技术、全球化和人口结构变化造成了快速社会变革，伴随着由此导致的混乱，2008年的金融危机加剧了人们对经济的焦虑情绪，助长了一种新的被驱逐感和怨恨情绪。与此同时，特朗普对"深层政府"[②]和媒体的攻击，再现了反精英主义——霍夫施塔特认为，这是对富兰克林·D.罗斯福等建制派人物的不满。

霍夫施塔特的远见卓识还体现于：他提到一种与他本人"偏执风格"的研究成果相符的"顽固心理情结"——这是一

---

① 主张采取保守经济政策的右派民粹主义运动。

② 深层政府(deep state)，原指奥斯曼帝国垮台前就存在的秘密政治社团，近年在美国已形成政治学术语，指在美国联邦政府背后真正的掌权机构，该术语在2017年特朗普就任美国总统后日渐风行。

名历史学家在研究欧洲千禧年主义教派后发现的——即"一个人目空一切地视自己为上帝的选民，十全十美，遭受极端迫害，却仍坚信最终的胜利；他认为对手具备巨大的邪恶力量；他拒绝接受人类存在不可避免的局限和缺陷，比如人生的短暂、纷争、冲突，以及智力和道德上的不可靠；他痴迷于绝对正确的预言"。这些话听起来是不是很熟悉？

在霍夫施塔特的经典著作中还有个令人振奋的观点：据他观察，具有"偏执风格"的运动倾向于"以连续、间断的波浪形式出现"，逐渐上升并达到顶峰，但随后又会消退（至少在下一个轮回到来之前）。

《奥德赛》

（英译本，2017）

荷马 著

艾米莉·威尔逊 译

>>>> ◇ <<<<

  荷马的《奥德赛》一直是西方文学中最伟大的原始文本之一，它持续以潜移默化的重要方式影响着我们的叙事。奥德修斯在特洛伊战争后的十年返乡路是典型的英雄之旅，它在无数的经典作品中重现，从《指环王》到《星球大战》，到库布里克的《2001 太空漫游》，再到许多漫威的动作冒险类大片。《奥德赛》也为一大批文学作品提供了范本，包括乔伊斯的《尤利西斯》、德里克·沃尔科特的《奥麦罗斯》和查尔斯·弗雷泽的《冷山》。

  傲慢的危险性、身份的多样性、命运与自由意志之间的争夺、父子之间的关系——这些都是《奥德赛》永恒的主题。有关战争的后果和帝国主义的影响等更有争议的话题，也植根于荷马的经典作品中。正如学者艾米莉·威尔逊在她精彩的新译本序言中指出的，在波吕斐摩斯的片段中——奥德修斯抵达了巨人的海岛，闯进了独眼巨人波吕斐摩斯栖身的山洞，设计

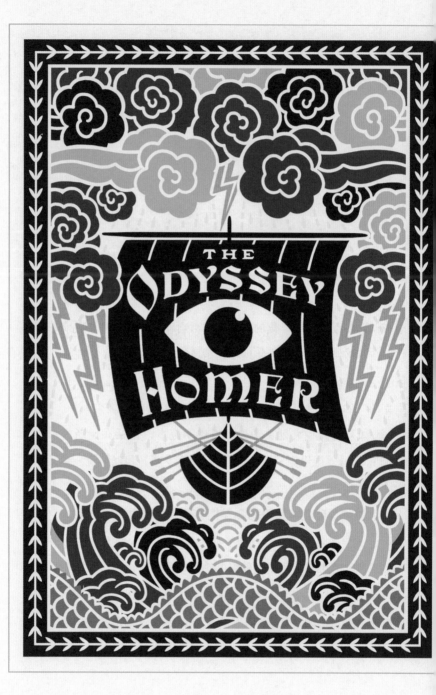

刺瞎了他的眼睛——这可以视为一种对希腊人剥削非希腊人行为的辩护。

作为第一位将荷马史诗翻译成英文的女性译者，威尔逊带给了我们一部非常直观和精妙的《奥德赛》：语言简单直接，文字则留给现代读者去欣赏——无论是故事中没有明确的部分，还是英雄奥德修斯身上含混不明的道德寓意。

我们从读书时学的《奥德赛》中认识的这位"诡计多端"的战争英雄总有令人头疼的一面——自私自利、控制欲强、表里不一。但在威尔逊的译本中，他以一个特别"复杂的人"的形象出现，不仅是一个惨遭各种怪兽袭击和天灾后的幸存者，还是一个"谎话连篇、自私自利的城市洗劫者"。在女人问题上，他是一个有着双重标准的奸夫，但同时也是一个丈夫——他选择回到妻子佩内洛普身边，而不是继续与仙女卡吕普索在一起。这个抉择暗示着欣然接受死亡而不是选择永生；他是一个无情的海盗，对其他文化不屑一顾，认为它们无知且野蛮；他是一位没能把自己的手下安全带回家的战争英雄，他无情地屠杀了纠缠佩内洛普的求婚者以及和他们睡过的女奴，命令他的儿子特勒马科斯"用长剑砍向她们，消灭她们所有的生命"。作为叙述者，他在解释自己旅程的意义时，总是自吹自擂，而且绝不可靠（扎克瑞·梅森在他 2010 年的创新小说《奥德赛迷失之书》中也强调了这一点）。

威尔逊敏锐的序言将《奥德赛》置于当时的文化背景下，同时又用现代的眼光来审视这个故事。她指出，《奥德赛》的文字本身将这位存在争议的主人公刻画得"惊人地清晰"——它"让我们在想象的世界中探索对力量和永恒的渴望，同时也向我们展示了人类内心深处的梦想、希望和恐惧的阴暗面"。

《实验室女孩》

（2016）

霍普·洁伦 著

弗拉基米尔·纳博科夫曾说过："作家应具有诗人的精确性和科学家的想象力。"毫无疑问，地球生物学家霍普·洁伦两者兼备。她的回忆录《实验室女孩》既是一个激动人心的故事，记录了霍普在科研经历中的发现；同时也展示了一位天才教师通往植物秘密生活的路线图。这本书对植物学的影响不亚于奥利弗·萨克斯的论文对神经学的影响，也不亚于斯蒂芬·杰·古尔德的著作对古生物学的影响。

洁伦是一位地球生物学教授，她描述了植物的奇异之处：这些"发明于四亿多年前"的机器能从无机物中制造糖分——这些奇妙的机器是人类生命赖以生存的基础。

她描写了植物在美国中西部生长的声音："甜玉米长得最快时，一天能蹿高一英寸①，为了配合长个儿的速度，它的外皮会稍稍移位；因此，如果你在一个静谧的八月天站到一片玉

---

① 约 2.5 厘米。

米地的中央，就能不断地听见此起彼伏的'沙沙'轻语。"[1]

她描写了在炽热的沙漠阳光下，一株仙人掌年复一年静待降雨的神奇能力：它抛弃了"自己的根系，防止干旱的土壤反吸走自身的水分"，随后它开始缩小，直到它的刺"形成一层密集、危险的'皮毛'，以保护变身后没有根须的硬球"。

她还解释了为什么树冠的叶子比下端的叶子小，这样"无论何时，只要风吹开上层的枝条，底部就能捕捉到阳光"。

一边是有关树木、花卉和其他绿色生物的生长周期，一边是她逐渐成长为一名成熟科学家的经历，洁伦对此进行交叉叙述，使两条线并行不悖。她强调了人类和植物之间的相似之处——韧性、创造力和适应力——但更着重强调植物与人类的根本差异：它们依赖阳光，不能像我们一样移动或旅行，以及它们身体组织相对冗余但又很灵活（"如果需要，根可以变成茎，反之亦然"）。

洁伦的童年是在明尼苏达州的一个小镇上度过的，那里一年有九个月在下雪，她的童年充满寂静。她的曾祖父母是从挪威迁来这里的，她写道："斯堪的纳维亚家庭成员之间巨大的情感鸿沟由来已久，并且逐日加深。"对她和她的兄弟们来说，"相互之间好几天不说话"并不罕见。

她的避难所是她父亲的实验室，她父亲在当地一所社区大学教授物理学导论和地球科学。在那里，她发现了科学的神

---

[1] 蒋青译:《实验室女孩》，北京：北京联合出版公司，2019年。

> 她描绘了发现新物种时的兴奋之情——未知或未经证实过的新物种，以及进行研究和实验等科研日常工作时的枯燥乏味。

圣和魔力：她信奉科学的规则和程序，以及科学所要求的对细节的关注。科学给了她所需要的东西："一个最字面意义上的家，一个令我心安的地方。"

她描绘了发现新物种时的兴奋之情——未知或未经证实过的新物种，以及进行研究和实验等科研日常工作时的枯燥乏味：长年累月的观察等待和收集数据，夜以继日，周而复始，迂回曲折，这些工作都是倚仗运气，大多是徒劳无功的。

在这个过程中，她逐渐意识到，作为一名科学家，她的工作也是一项更大事业的一部分。她不像一棵植物，而更像一只蚂蚁，"在天性的驱使下寻找凋落的松针，扛着穿过整片森林，一趟趟地搬运，一根根地送到巨大的松针堆上。这堆松针如此庞大，以至于我只能想象出它的一角。"

她继续说，身为一名科学家，她确实只是一只蚂蚁，"心余力绌，默默无闻，但是我比我的外表更加强大，我还是一个庞然大物的一部分"。科学共同体建立在无数先人前辈的工作基础上，她便是其中的一部分。这些前辈将把自己取得的进展传给下一代。

《骗子俱乐部》

（1995）

玛丽·卡尔 著

11 岁时，玛丽·卡尔在日记中写道，她长大后要"写一半诗歌，一半自传"。她最后也确实做到了。无论是韵文还是散文，她的文字朴实、坦诚，观察精准，赋予读者力量，使他们发自内心地理解她表达的内容——无论是她从小生活的那个位于得州东部沼泽地区的小镇（小镇很小，镇长"唯一要干的事儿就是每天早上亮起红绿灯"），还是她外祖母和人争吵不休的脾气（她"像只大毒蜥一样紧咬不放"），抑或是她与父亲及其朋友一起出去玩，他们讲故事逗彼此开心时的快乐（光是与他和他的哥们儿一起出去"就能让我兴奋不已，因为有人读书给我听"）。

卡尔 1995 年的回忆录《骗子俱乐部》一鸣惊人，证明她继承了父亲讲故事的非凡才华，以及吸引读者注意力的能力。卡尔拥有与众不同的个人风格，有趣，真实，毫不留情，一半是酷酷的得州女孩，一半是抒情诗人。她在字里行间描绘了一幅令人印象深刻的全家福——它既具备一本令人难忘的小说的情绪感染力，也有着真实到令人触目惊心的震撼感。本书能引发 20 世纪 90 年代的回忆录热潮毫不令人意外，它表明了这一文学类型的无限可能和个人见证的恒久力量。

卡尔的母亲原名查理·玛丽·摩尔，在得克萨斯州西部的尘暴区长大，15 岁时结了婚，搬到了五光十色的纽约，在那里上了艺术学校。后来她又结了六次婚，回到得州后，她越来越沉溺于饮酒以及幻想她失去的纽约生活。她如饥似渴地阅读萨特和马克思的书，听歌剧和爵士乐时会哭泣。卡尔写道，用东得克萨斯州的话来说，她的母亲是"歇斯底里"的——这个词"可以准确地适用于任何情况，从长期焦躁不安到完全精神病"。有一次疯病发作时，查理·玛丽放火烧了女儿们的玩具和衣服，还用一把切肉刀恐吓她们。

母亲如此反复无常和情绪化，父亲皮特则向来沉着坚定。他和查理·玛丽相识于一个夜晚，一轮"通用电气"①般的明月笼罩着他们。皮特是个"比手表还准时的家伙"，他在 42 年的工作里从未有一天缺勤，善于从"小确幸"中自得其乐——"咖啡里加的糖，让苦楝树上的知更鸟回应他的口哨声"。

毫不夸张地说，卡尔一家都是怪人。他们关于晚餐的想法似乎就是让大家分别坐在父母的床边，面朝不同的方向。随着时间流逝，生活中的秘密、失望和不幸产生的离心力压垮了

---

① 这里指月亮的形状像美国通用电气公司的圆形标志。

这个家庭。自从查理·玛丽让她的母亲——一个包里装着"货真价实的钢锯"的骂骂咧咧的老女人——搬进房子后，皮特就又把心思放回到工作上，越来越多地开始"从父亲的角色中抽离"。他时常连着数日不回家看望玛丽和她的妹妹莱西娅。

暴力和疏忽行为与日俱增。7岁时，卡尔在学校被一名男孩强暴，后来又被一名保姆性骚扰。当她姐姐在一次骑马事故中摔断锁骨时，甚至没人愿意带她去看医生。每当她母亲开始酗酒，卡尔就会藏起她的车钥匙，不让她开车上路，或者假装在打电话，以防她辱骂邻居。

混乱的生活让卡尔学会如何把所有的"恐惧都咽进肚了里，直到恐惧慢慢冷却到几乎感觉不到"，这也教会了她冷静的写作艺术。"上帝回应了我的祈祷，"她写道，"我学会了把我们都变成卡通人物。"然而，这本书的独特之处在于，卡尔从未把她的父母变成平面的卡通人物。相反，她以巨大的同情和怜悯来描写他们，把他们塑造成我们眼中有血有肉的人——他们有缺点，不靠谱，甚至奸诈，但他们也很脆弱，渴望着爱。

《骗子俱乐部》是一段情感激烈又充满爱意的回忆，在纸上重温过去的同时，也是对过去进行救赎。

《希望的嘱托：马丁·路德·金核心著作与演讲》

（1986）

詹姆斯·M. 华盛顿 编

>>>> ✥ <<<<

马丁·路德·金的一生，证明了个人的力量能使历史的轨迹沿着公平正义的方向前进。在他去世半个多世纪后，他的演讲和著作不仅是美国民权运动史上的重要文献，还持续激发了世界各地如火如荼的变革。

马丁·路德·金一家三代都是浸信会牧师，他从小在教堂里长大，天生就掌握了钦定版圣经①铿锵洪亮的节奏和富含隐喻的有力语言。圣经语录及其生动的意象使他的文章充满生气，他运用它们将非裔美国人的苦难史置于圣经的背景之下。

在《伯明翰狱中书简》中，马丁·路德·金在区分公正和不公正的法律时，提到了圣奥古斯丁和圣托马斯·阿奎那。在《指挥家的本能》中，他以圣马可的一段话为出发点，论证了人类对获得认可的渴求——"引领队伍的渴望"——必

---

① 圣经的诸多英文版本之一，于 1611 年出版。

A TESTAMENT OF
HOPE:
THE ESSENTIAL
WRITINGS + SPEECHES
OF
MARTIN
LUTHER
KING, JR.

须为正义服务，为不幸者战斗。在他的演讲《我有一个梦想》中，他引用加拉太书①中的著名段落，说道："有一天，所有上帝的子民——黑人和白人，犹太人和非犹太人，新教徒和天主教徒——都能携手并进。"

在《我有一个梦想》的演讲中，我们可以发现马丁·路德·金对莎士比亚作品（"这个由黑人的合理不满造成的酷热夏季"）和一些流行歌曲的模仿痕迹，例如伍迪·格思里②的《这是你的国土》（"让自由之声响彻纽约的崇山峻岭"和"让自由之声响彻加利福尼亚起伏的山坡"）。类似这样的引用扩大了演讲的广度和深度，使听众获得了与自身经历产生共鸣的试金石。

马丁·路德·金拥有神学博士学位，也曾考虑进入学术界。他在父亲的教堂里度过了童年，长大后研读各种思想家的著作，例如莱茵霍尔德·尼布尔③、甘地和黑格尔等，这些经历塑造了他。在这一过程中，他逐渐发展出一种潜能，能够整合不同的想法和主题，并将它们化为己用——这一天赋使他能在众多不同听众面前演说，同时他会采纳一些乍一听十分激进的想法，并使它们变得平易近人且容易接受。

通过将论点置于历史连续体中，马丁·路德·金为它们

---

① 《新约》中的一卷。

② 美国民歌手、作曲家。

③ 20世纪美国最著名的神学家、思想家，是新正统派神学的代表，基督教现实主义的奠基人。

增添了传统权威和关联价值。在一首写于 1935 年的诗中，兰斯顿·休斯[1] 曾呼吁"让美国成为梦想者的梦想"，杜波伊斯[2]也曾描述过"伟大的美国，开国者们的梦想"。对他的一些观众而言，马丁·路德·金对美国梦的表达唤醒了对这些诗句有意或无意的记忆。他在华盛顿游行演说中的最后几句出自一首黑人灵歌，提醒身为奴隶的听众们对获得解放的可能性保持信心："终于自由了！终于自由了！感谢全能的上帝，我们终于自由了！"

对于那些不太熟悉非裔美国人音乐和文学的人来说，马丁·路德·金的演说中也有着直接的、爱国含义的典故。正如林肯在葛底斯堡演说中通过援引《独立宣言》来重新定义开国元勋们对美国的愿景，马丁·路德·金在《我有一个梦想》和《伯明翰狱中书简》中也提到了《独立宣言》。这种有意为之的效仿有助于使民权运动的道德基础普遍化，并强调民权运动的目标与开国者们对美国的最初设想一样具有革命性。马丁·路德·金的关于美国"有色公民"的梦想不亚于"人人生而平等"的美国梦。

华盛顿大游行和马丁·路德·金的《我有一个梦想》演讲为推动 1964 年《民权法案》的通过起到了重要作用，1965 年，马丁·路德·金领导的塞尔玛至蒙哥马利大游行也

---

① 20 世纪美国最杰出的黑人作家之一，"哈莱姆文艺复兴"的中坚人物。
② 美国泛非运动的创始人，20 世纪上半叶最有影响力的黑人知识分子，第一个从哈佛大学毕业的黑人。

促进了《投票权法案》的通过。那两年内成果卓著，然而，为了争取平等、自由和正义，前方仍有漫漫长路要走，这就需要"不懈的努力和持续的工作"——因为，正如马丁·路德·金在《伯明翰狱中书简》中提醒我们的一样，"人类的进步从来不是自然而然地到来的"。

《写作这回事：创作生涯回忆录》

（2000）

斯蒂芬·金 著

>>>> ◇ <<<<

这本书不仅是每个高中和大学写作班的必备，而且，任何想创作小说或短篇故事的人都应该阅读这本书。

很多作家第一次意识到故事的力量，是在童年时期读斯蒂芬·金的小说（或看小说改编的电影）的时候——想象的力量能令人产生好奇、恐惧、期待的情绪。在这本薄薄的、激情澎湃的书中，斯蒂芬·金以直截了当的个人方式展示了他在自己非凡的职业生涯中所掌握的叙事技巧。

他的书同斯特伦克和怀特合著的经典之作《风格的要素》一样实用，而且更具启发性和趣味性。它对于写作常识性规则的阐述很简单，比如"放下恐惧和造作"，去掉不必要的副词和矫揉造作的词。它还为那些纠结于恰当的措辞、苦思冥想好点子或完美转折的新手作家提供了鼓舞人心的建议。

下面是斯蒂芬·金的一些看法：

※ 在他看来，作家的工作不是找到好点子，"而是在它们出现时能够认出它们来"。有时，这意味着利用一段新闻故事来制造引人入胜的前提；有时，这意味着糅合两个毫不相关的主题（比如斯蒂芬·金的第一部畅销小说《魔女嘉莉》，它将心灵遥感这一想法融入青少年霸凌的主题中）。

※ 故事情境比情节要点更重要。斯蒂芬·金写道，在自己写的很多书中，他想"把一群人物（也许是两个，也许只是一个）置于某种困境中，然后旁观他们如何竭力脱身"。

※ "不要等着灵感从天而降。"斯蒂芬·金说，相反，他认为要找个有一扇门的写作场所（但没有电话，没有电视），定好每天写作的目标，整天都待在里面，直到这个目标实现。实践是至关重要的。

※ 最重要的一点："多读，多写。"他说，定期阅读"可以让你不断了解前人做过什么，还有什么没做，什么是陈词滥调，什么是推陈出新，什么才是言之有物，什么是灵气全无"。

很少有作家能像斯蒂芬·金那样，短短一天时间就能写出精彩纷呈的十页（大约两千英文单词！），这使他能在三个月内就完成一本书的初稿，速度堪称惊人。然而，他关于加快初稿进度的建议，与那些在截稿日期前拼命赶稿的年轻记者得到的经验十分相似：在完成所有跑腿工作后，马上将内容记在纸上；然后你可以回去再填补漏洞，确认事实，调整行文。一旦有了故事大纲，我们就能进行编辑、修改、推倒重来，甚至可以拆分重组。

斯蒂芬·金讲述自己身为新手作家时的经历，如同威廉·斯蒂伦在《苏菲的选择》开篇虚构的自画像，以及菲利普·罗斯在《影子作家》中对自己虚构的第二自我内森·祖克曼的成长过程的描述一样精彩。斯蒂芬·金给我们讲述了一些似乎对塑造他的想象力起了重要作用的事件（包括被一个残忍的保姆锁在衣柜里好几个小时），他记录了他对写作的热爱，这份热爱可以追溯到他 6 岁时——他写了一些关于一群神奇动物的故事，领头的是一只大白兔，名叫"戏法兔子先生"。他的故事逗乐了母亲，惹得她开怀大笑，这让他感到了"无限的可能性"。

1999 年，斯蒂芬·金走在缅因州自家附近的一条路上，被一辆面包车撞倒。这次事故导致他肺萎缩，四根肋骨骨折，髋部骨折，小腿至少有九处骨折。他的髋部疼痛"几乎到了世界末日般的程度"，但 5 周后他又开始写作了。事实上，他继续完成了《写作这回事》这本书。

他回忆说，某些日子里，写作是"相当艰苦的工作"。但随着他的身体开始痊愈，他又重新回到写作日常中，他感受到了"那种幸福的陶醉，感到自己找对了字眼，并将它们连缀成句。整个过程好比坐在起飞前的飞机上：你在陆地上，还在

陆地上，还在陆地上，还在……然后你就离地而起，凌空俯瞰一切。写作令我快乐，因为我就是为此而生的"[1]。

① 张坤译:《写作这回事：创作生涯回忆录》，上海：上海文艺出版社，2014 年。

《女勇士：一个生活在群鬼中的女孩的回忆录》

（1976）

汤亭亭 著

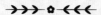

华裔女作家汤亭亭在 1976 年出版的《女勇士》一书中，以诗意和炽热的行文勾勒出她的中国家庭昔日的"鬼怪"。这本书融合了民间故事和家庭传说、记忆和梦想，让读者真切地感受到生活在两种文化中却不属于其中任何一种文化的滋味，以及在母亲关于女性在社会中应扮演何种角色的极度矛盾的教导下长大的心境。

汤亭亭的母亲勇兰是一位性格刚烈、超乎常人的母亲，她"能言善辩"，是个有力的故事讲述者。同时也咄咄逼人，以至于与其争论会让女儿患上"蜘蛛式头痛"，使女儿感到好像蜘蛛"吐出枝枝杈杈的细丝，蒙住我的头盖骨"[1]。勇兰斥责女儿"唧唧呱呱，说话像个鸭子、不听话、邋里邋遢"。还说她很难嫁出去。

① 王爱燕译：《女勇士》，北京：新星出版社，2018 年。

勇兰告诫她说，按照传统，女人就该是妻子或佣人，并给她的女儿讲了一个关于她的小姑子通奸还给别的男人生下孩子的可怕故事：左邻右舍的村民看不起她，诅咒她，破坏她的家，最终她抱着婴儿跳井身亡。她家人的反应也同样令人不寒而栗。"别告诉任何人你有个姑姑，"汤亭亭的母亲说道，"你父亲不想听到她的名字。她从未出生过。"血淋淋的教训是：女性必须遵守社会规则，而那些不遵守规则的人将被遗忘。

这个故事中令人震惊的性别歧视与汤亭亭母亲的其他"清谈故事"形成了鲜明对比。汤亭亭最喜欢的故事之一是花木兰的故事。花木兰是一位英勇的女性，她在山里受训多年，修习"白虎"和"巨龙"的武功，以便替父从军，为被围困的村庄报仇雪恨。她就像《卧虎藏龙》中身手矫健的侠客或《权力的游戏》中英姿飒爽的女性一样，是一名争强好胜、光彩夺目的勇士。

尽管勇兰把古老的厌女言论记得滚瓜烂熟，但她自己的人生在很多方面都是女性独立的证明。她决心成为一名医生，当她获得医学学位回到家乡时，她的乡亲们"敲锣打鼓，热烈欢迎"她。她去小村庄"行医"，照料老人和病患，在床上和猪圈里接生过婴儿。1940 年她与丈夫在美国团聚后，生了六个孩子（她声称都是在 45 岁之后生的），并一直操持着家里的洗衣店。

勇兰的故事是隐晦而矛盾的，汤亭亭一边试图理清她的家族史，一边运用她的想象去理解她母亲和姑姑的经历。同时，她还尝试将自己"地道美国人"的生活置于她成长的生活环境和神话故事的背景下。最终呈现的作品就如同勇兰的故事一样，紧张激烈、怪诞离奇而又热血澎湃。事实上，尽管母女之间存在着冲突、对抗和文化差异，但有一个因素却将她们联系在一起：她们都是神乎其技、令人沉醉的故事讲述者。

《第三帝国的语言》

（1947；英译本，2000）

维克多·克莱普勒　著

马丁·布雷迪　译

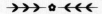

语言很重要。

正如奥威尔在 1946 年的一篇著名随笔中所说，语言可以"腐蚀思想"，政治语言的目的"就是使谎言听起来像真理，谋杀听起来值得尊敬"。

维克多·克莱普勒是一位德裔犹太语言学家，二战期间得以在德累斯顿①幸存，他对极权主义如何影响日常语言进行了史上最详细的描述。克莱普勒保留了一套不同寻常的日记，记录了在纳粹统治下的德国的生活（《我将作证》）。他还写了一本名为《第三帝国的语言》的研究报告，阐述了纳粹的言语"有如微小剂量的砷"，从内部毒害和颠覆德国文化。

这本书令人痛心地描述了纳粹主义是如何通过习语、常用语和句型"渗透到人民的肉体和血液之中"，以及"它通过

① 德国萨克森州首府和第一大城市。

成千上万次的重复，将这些用语和句型强加给了大众，令人不知不觉间机械地接受下来"。这也是一个和奥威尔的《1984》一样令人不安的警世故事，它讲述的是一个独裁者如何居心叵测地迅速将语言作为武器，用来压制批判性思维，煽动偏见，劫持民主。

克莱普勒并不认为作为演讲者的希特勒和墨索里尼有相似之处，他讶异于这位纳粹领导人——在他看来，希特勒易怒，缺乏安全感，还喜欢大吼大叫——竟聚集了如此多的拥趸。他认为希特勒的成功与其说是因为他那十恶不赦的思想观念，不如说是由于他善于与其他政客打交道，直接接触民众，同时把自己包装成他们的代言人、他们的救世主。他和戈培尔①组织的大型集会也起到了推波助澜的作用。克莱普勒指出，"华丽的横幅、游行、花环、号角和合唱"环绕着希特勒的演讲，它们作为一种有效的"广告策略"，将希特勒的形象和国家的庄严宏伟合二为一。

词汇在纳粹德国经历了蓄意的变化。克莱普勒写道，词语"fanatisch"（狂热）从与嗜血和残忍有关的、"具有威胁性和令人厌恶的特质"变成了一个"表达极度赞美的形容词"，用来召唤帝国所需的忠诚和英勇的品质。"kämpferisch"（好斗的，好战的）也变成了溢美之词，意为令人钦佩的"通过自卫或攻击实现自我主张"。与此同时，"system"（体系）这个词也

---

① 纳粹德国时期的国民教育与宣传部部长，以铁腕捍卫希特勒政权和维持第三帝国的体制，被认为是"创造希特勒的人"。

受到蔑视，因为它与魏玛共和国及其政府体系联系在一起。纳粹鄙视魏玛共和国，就像今天特朗普的一些追随者鄙视他们所谓的"深层政府"一样。

希特勒的《我的奋斗》于1925年出版，克莱普勒认为这本书"在字面意义上确定了"纳粹演说和文章的"基本特征"。1933年，第三帝国的语言就从"一个集团内的语言变成了一个国民的语言"。这就好比今天"另类右翼"的隐语——它用来识别同行的语言加密；它的种族主义和厌女诽谤——将被完全主流化，并成为常规的政治和社会话语的一部分。

克莱普勒用了整整一章的篇幅来描述纳粹对数字和最高级的痴迷；一切都必须是"最好的"或"最高的"。克莱普勒写道，如果一个来自第三帝国的德国人去猎象，他会吹嘘自己"用地球上最好的武器，击倒了世界上最大的大象，数量之多令人难以想象"。纳粹本身的许多数字(包括歼灭的敌兵、俘虏的囚犯、集会广播的观众人数)都被夸大了，达到了克莱普勒所说的"童话故事中才会出现的数量级"。

克莱普勒写道："1942年，希特勒在国会大厦说，拿破仑在零下25度的俄国作战过，然而他，希特勒指挥官，曾在零下45度甚至是零下52度的天气进行过战斗。"

克莱普勒剖析了纳粹的谎言、夸张和充满仇恨的修辞，他们用奥威尔笔下的方式毒害了这门语言。克莱普勒写道："如果有人长时间地言说狂热，以为这就是英勇和道德，最终他就会真的相信，一个狂热分子是一位有道德的英雄，没有狂热的激情，就无法成为英雄。"①

他继续表示，让"语言服务于他们可怕的体制"，是第三帝国用来"作为其最强大的、最公开的、也是最隐秘的宣传手段"。

① 印芝虹译：《第三帝国的语言：一个语文学者的笔记》，北京：商务印书馆，2013 年。

《大灭绝时代：一部反常的自然史》

（2014）

伊丽莎白·科尔伯特　著

>>>> ◇ <<<<

地球历史上曾发生五次大灾难，导致生物多样性急剧下降，几乎令一切生命都毁灭殆尽。第五次，也是最著名的一次大灭绝发生在白垩纪末期，当时一颗巨大的小行星撞击地球，导致非鸟类恐龙、大约 3/4 的鸟类、4/5 的蜥蜴和蛇，以及 2/3 的哺乳动物灭绝。

《纽约客》特约撰稿人伊丽莎白·科尔伯特在她的书中条分缕析、发人深省地写道，第六次物种大灭绝正在迫近，而这一次大灭绝的原因不是来自外太空。恰恰相反，正如沃特·凯利[①]在几十年前的经典动画片《勃哥》(Pogo) 中所言："我们已经见过我们的敌人了，那就是我们自己！"

人类把入侵物种引进生态平衡已被大肆破坏的地方。我们在河流上筑坝、毁坏景观、破坏生物的自然栖息地，阻碍了

---

① 美国动画大师。

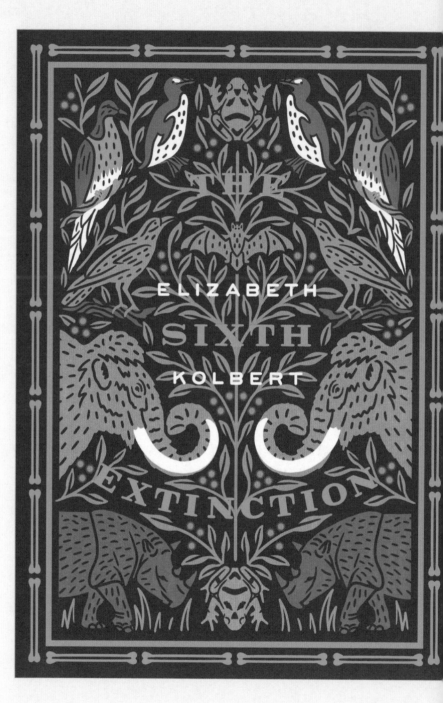

THE

ELIZABETH

SIXTH

KOLBERT

EXTINCTION

它们的迁徙。我们还猎杀动物和鸟类——从候鸽到大海雀，再到塔斯马尼亚虎，它们都已灭绝。当然，最具毁灭性的是我们对大气层造成的破坏。大肆燃烧化石燃料、乱砍滥伐森林使空气中二氧化碳的浓度达到了 80 万年来的最高水平——这是导致地球快速变暖的元凶。这些变化转而引发了日益严重的飓风、洪水、干旱、野火和酸化海洋——这一切都在使生态系统遭受重创。海平面上升威胁着沿海城市，而气温上升使病毒、细菌和携带疾病的昆虫的活动范围扩大到热带以外的地区。

据科尔伯特观察："与末次冰期结束时相比，地球如今的变暖速度至少快了十倍。"人为改变的后果是毁灭性的。"据估计，"她写道，"1/3 的造礁珊瑚、1/3 的淡水软体动物、1/3 的鲨鱼和鳐鱼、1/4 的哺乳动物、1/5 的爬行动物和 1/6 的鸟类正在走向灭绝。"

科尔伯特的文字兼具紧迫感和权威性，从历史角度审视最近有关气候变化的头条新闻，并利用她身为记者的技能（就像她在 2006 年的著作《一场灾难纪实：人类、自然与气候变迁》中所做的那样）把我们带到第一线——在那里，研究人员正在研究各种生物如何努力适应栖息地的加速变化。她参观了巴拿马的一个两栖动物保护中心——在巴拿马，有一种神秘的真菌一直在持续杀死稀有青蛙。她还参观了大堡礁附近的一个澳大利亚的研究站，科学家们正在那里监测海洋酸化对珊瑚的影响。科尔伯特还向我们展示了两种濒危动物的可爱肖像——

一只叫基诺希的孤独的夏威夷乌鸦，还有一只叫苏吉的苏门答腊犀牛。人们计划对它们开展人工圈养繁殖，但收效甚微。它们可能是地球上同类中仅存的那个。

这仅仅是众多面临威胁的动物物种中的两种。科尔伯特写道，事实上，通过干扰地球上维持生命的体系，"我们正在把自己的生存置于危险之中"。或者，正如斯坦福大学的生态学家保罗·埃尔利希所言："当人类将其他物种推向灭绝之时，也无异于锯断了自己栖身的树枝。"

《同名人》

（2003）

裘帕·拉希莉　著

><<< ❖ >>>

　　裘帕·拉希莉笔下许多观察入微的故事和人物都是移民或其后代，他们沉浸在对印度家人的回忆中，同时又尝试着在美国闯出一条路。在一个故事中，一对住在新英格兰一所小型学院附近的夫妇，过去每学期初都会仔细查阅大学通讯录，"圈出来自他们熟悉地方的姓氏"来寻找新朋友。在另一个故事中，一个女孩试图帮她的弟弟拥有一个真正的美国式童年，四处搜寻大卖场里合适的玩具（"费雪[①]的谷仓，通卡[②]玩具卡车，能发出动物声音的学话机"），并让父母在夏天安装草坪洒水器，这样她弟弟就可以像其他孩子一样，在水雾里跑来跑去。

　　拉希莉在真挚动人的首部长篇小说《同名人》——这是一个关于错失的联系、流放和归属的契诃夫式故事——中描绘了一幅难以磨灭的甘古利家族成员画像，展现了他们对美国截

---

① Fisher-Price，美国顶尖玩具品牌，创立于 1930 年。

② Tonka，世界知名玩具生产商，1991 年被"孩之宝"（Hasbro）收购。

然不同的态度。当艾修克·甘古利迫不及待地前往波士顿攻读工程学博士学位时，他的新娘阿西玛——他迎娶她时举办了精心策划的仪式——却害怕在一个"没有亲人，知之甚少"的国家抚养孩子。他们的两个孩子渴望融入朋友圈，却发现自己时常穿梭于美国文化和孟加拉国文化之间，穿梭于父母的期望和自己的梦想之间。

　　拉希莉对于细节慧眼如炬——生动入微的细节展现了日常生活的质感，同样精准的情感细节揭示了她笔下人物的心理状态。甘古利一家搬到波士顿郊区的新房子时，拉希莉写道："他们的车库和所有别的车库一样，里面堆放着铲子、园林剪和雪橇。他们买了一台烧烤炉，准备夏天在门廊做'摊多利'①烤肉。做任何一件事，买任何一样东西，不管多么小，他们都认真对待，都会找孟加拉朋友商量。塑料草耙和金属草耙是不是一样？圣诞树有天然的和人工的，哪个更好？感恩节，他们学着烤火鸡，尽管上面抹的是蒜、茴香和辣椒粉；到十二月，他们在门上钉一只花环；他们给雪人围羊毛围巾；到复活节，他们把煮熟的蛋涂成紫色和粉红，藏得屋里到处都是。"②

　　这样的描述完美契合了我的自身经历。我在新英格兰的另一个郊区长大，父母都是日本移民。就像加里·施特恩加特在《小失败：回忆录》中一样，拉希莉捕捉了那种小心翼翼的谨慎，我父母做决定时也往往如出一辙。不管是要买一个新

---

① Tandoori，一种印度烹调法，将食物放入特制的黏土炉灶中，以文火细烤。
② 吴冰青，卢肖慧译：《同名人》，杭州：浙江文艺出版社，2019年。

的烤面包机（"《消费者报告》① 上是怎么说的？"），还是计划一次短途旅行（好像在别的城市或别的州买不到牙膏或新袜子似的）。他们既焦虑又认真，担心图书馆的书过期、车辆登记失效，囤积着空饼干罐和果酱罐（因为"你永远不知道什么时候可能用得上"）。

拉希莉写道，甘古利一家位于彭伯顿路的房子看起来和街上其他房子并无不同，他们的孩子也和他们所有的朋友一样，带着大红肠和烤牛肉三明治去上学。然而，住在这个氛围友好的郊区，一家人却从未觉得舒心自在。他们总是在半夜三更通过邮差或吵嚷的电话收到印度亲戚的消息。

甘古利家的儿子果戈理起初试图远离自己的印度本源：他不和其他印裔美国学生一起出去玩，也不像他的父母和父母的朋友那样视印度为家乡，相反，和他的美国朋友一样，印度在他眼里就只是印度。然而，与此同时，他也时常感到一种疏离，一种隐隐的孤独感。

只有当艾修克突发心脏病去世后，果戈理才会完全理解父亲为了来到美国所付出的牺牲，这样才能让他的孩子们获得他们在国内得不到的各种机会。只有在丈夫去世后，阿西玛计划返回印度时，她才会意识到她多么深爱她的第二故乡："她惦念印度的日子惦念了三十三年。不久她就会惦念图书馆的工作，惦念那些和她共事的女人们。她会惦念请客聚会。她会惦

---

① 美国知名杂志，为消费者提供全方位的产品品牌报告和对比分析，是美国消费者购物时的权威参考。

念和她女儿在一起的日子，惦念她们之间料想不到的情义，还有她们一起去剑桥的伯莱托尔剧院看老电影，还有教她煮她小时候嘟嘟囔囔不喜欢吃的饭……她会想念这个国家，因为就是在这里她渐渐熟悉了她丈夫，爱上了她丈夫。虽然他的骨灰已经被撒进恒河，但是，他仍在此地，在这栋房子里，在这座小镇上，继续留存在她心里。"

杰伦·拉尼尔作品

《你不是个玩意儿》（2010）

《虚拟现实：万象的新开端》（2017）

>>> ◇ <<<

　　杰伦·拉尼尔是为数不多在科学和艺术领域都驾轻就熟的博学大师之一。他是虚拟现实发展的先驱，是硅谷的互联网创始元老之一，也是一位天才音乐家和作曲家。他著有多本颇具影响力的作品，旨在探讨当今社交媒体和数字技术的文化、社会以及政治后果。

　　20世纪80年代，拉尼尔是他所谓的"一群快乐的理想主义者"中的一员，他们希望数字革命能掀起一场创新的海啸，并促进人与人之间更和谐的交流。他相信虚拟现实——作为一种"可以让你换位思考的媒介"——能够创造"一条增加同理心的途径"。

　　到20世纪90年代中期，拉尼尔已经谈及他在"信息高速公路"上看到的一些陷阱。在1995年一篇题为《隔阂代理》的文章中，他从根本上预测了我们今天面临的问题，比如"脸书"和谷歌等大型科技巨头基于我们过去的选择和预存的信任，企图利用算法最大化用户参与度（以及广告收入），来量身定制我们通过新闻推送和搜索结果看到的内容——这一发展使人们被隔离在过滤气泡和孤岛中，并导致了一个日益部落化的世界。

拉尼尔在25年前写道，如果"智能代理"控制了我们这些信息消费者的视野，"那么广告将转变为控制代理的技巧"，而"新的信息瓶颈"将使"原本愉悦的、自由自在的信息高速公路"变窄，"它本该以更兼容的方式取代广播模式"。"有关你感兴趣的内容的代理（或算法）模型将会是一个卡通模型，"他补充道，"你将通过代理的眼睛看到一个世界的卡通版本。因此，它是一种自我强化的模型。这将重建刻意迎合大众口味的最低标准，把电视内容搞得乌烟瘴气。"

在诸如《你不是个玩意儿》和《万象的新开端》等充满争议的著作中，拉尼尔为"新的数字人文主义"提供有力论据的同时，也详述了这种观点，认为人的个性比"蜂巢思维"更重要。他提醒我们，免费互联网内容的经济效益使广告成为主要收入来源，同时也迫使内容创造者——作家、艺术家、音乐家和记者——难以谋生。

在《你不是个玩意儿》一书中，拉尼尔指出，软件工程师的设计决策能够从根本上塑造用户的行为。他认为，正如关于铁轨尺寸的决策决定了未来几十年火车的大小和速度，在互联网形成初期，针对软件设计的选择为未来几代人建立了"决定性的、不可改变的规则"，这个过程被称为"锁定"。

提倡网络匿名制的决策产生了各种无法预料的后果，例如催生了网络喷子、数字诈骗和网络暴徒的攻击，以及大量宣传、错误信息和虚假新闻——它们在 2016 年美国总统大选和英国"脱欧"公投中发挥了惊人的作用。

拉尼尔的著作源于他拥有的硅谷技术的业内知识，以及对于科技影响我们思维和日常生活的担忧——从社交媒体倡导的虚荣肤浅的交流互动，到由一个似乎缺乏创造力的网络引发的怀旧文化和混搭潮流。

在《万象的新开端》中，拉尼尔还讲述了他初到帕罗奥图①奇异曲折的经历。他的童年时代在得州和墨西哥交界的边境地区度过，他的波希米业父母培养了他对艺术和科技的热爱；他还讲述了他早期开发一款名为《月尘》的电子游戏的过程，以及他和程序员汤姆·齐默尔曼关于虚拟现实的实验。实际上，拉尼尔本人的人生经历令他的书阅读起来趣味无穷——它讲述了一个现代文艺复兴人士的故事，动人心弦又振奋人心。

---

① 硅谷的核心城市之一，曾经孵化过谷歌、"脸书"、苹果等巨头。

《时间的皱纹》

（1962）

马德琳·英格 著

  《时间的皱纹》是我自己找到的第一批书之一——虽然是当地公共图书馆的一位图书管理员温柔地把我引向了它。我觉得我之所以能与女主人公梅格·莫瑞产生共情，不仅因为她是个处境尴尬的孩子，总感觉自己像局外人，而且也因为她爸爸是一个科学家（我父亲是一位数学家，他从事着令人费解的工作，在某种模糊的意义上，就好像和宇宙的秘密有关）。梅格并非 20 世纪 60 年代科幻小说的理想女主角——她是个戴眼镜的书呆子，对世界充满好奇的同时，也困扰于学校和日常生活中的烦恼。

  梅格和她 5 岁的天才弟弟查尔斯·华莱士，还有她的同学卡尔文·奥基夫，在三位分别被称作"啥夫人""哪夫人"和"谁夫人"的超自然生物的帮助下穿越时空。他们的任务是营救她的父亲。她的父亲被一个名叫 IT 的巨大的无实体大脑囚禁在遥远的卡玛卓兹星，那里的人们过着一成不变、唯命是从的生活。如果说 IT 构成的威胁——智能脱离情感，蔑视

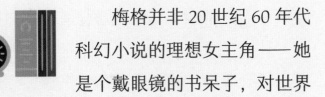

梅格并非 20 世纪 60 年代科幻小说的理想女主角——她是个戴眼镜的书呆子，对世界充满好奇的同时，也困扰于学校和日常生活中的烦恼。

个性——是对盲目崇拜技术和人工智能的危险性发出的可怕警告，那么卡玛卓兹星则代表了一种反乌托邦的墨守成规的世界，它一部分体现在资本主义的群体盲思之上。

"啥夫人"提醒孩子们，卡玛卓兹星人过着循规蹈矩的生活，全无惊喜、创造力和选择权。她敦促他们认识到自由的价值，还将生活比作一首十四行诗："你被赋予了它的形式，但你要自己把它写完。你的人生，由你自己掌控。"查尔斯试图通过一种叫作宇宙魔方的捷径来解释穿越时空的奥秘，他观察到有时"两点之间的直线不是最短的距离"。

和"哈利·波特"系列一样，《时间的皱纹》一书的主角也是勇敢的孩子们，他们引领了对抗世界邪恶势力的斗争。主人公认识到爱的力量，拯救了家庭成员的生命。在很多方面，梅格·莫瑞可以说是赫敏、《饥饿游戏》里的凯特尼斯，以及《分歧者》里的特丽丝等精力充沛、足智多谋的女主角的前辈。几十年后，这些女主角又吸引了新一代的读者。

关于亚伯拉罕·林肯的书籍

《林肯演说和著作》（2018）

唐·费伦巴克尔 编 美国经典文库出版

《林肯在葛底斯堡：再造美国的字句》（1992）

盖瑞·威尔斯 著

《林肯：一位作家的传记》（2008）

弗莱德·卡普兰 著

《林肯之剑：总统职位和语言的力量》（2006）

道格拉斯·威尔逊 著

>>>> ✿ <<<<

1863 年 11 月的一天，亚伯拉罕·林肯在葛底斯堡的血色战场上发表了时长 3 分钟的演讲，仅用 272 个词表达了自己的观点。他不仅改变了美国人对内战的看法，还架构了后代对于美国建国纲领的理解。

一如盖瑞·威尔斯 1992 年的著作《林肯在葛底斯堡》中精辟的解释，这位第 16 任总统正在用他的演讲进行"国家的新建"，回顾了《独立宣言》对人人平等和自由的承诺。林肯的智慧使他认识到，美国仍是一个尚在进行的工程，一个更完

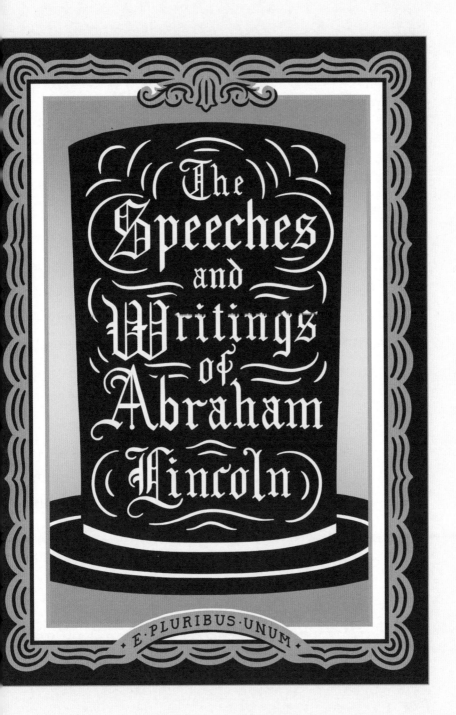

The
Speeches
and
Writings
of
Abraham
Lincoln

E·PLURIBUS·UNUM·

美的联邦需要我们活着的人献身于"未竟的事业"——这是曾在葛底斯堡浴血奋战的士兵们奋力推进却尚未完成的。这是一项艰巨、坎坷和英勇的事业，一直持续至今。

这也是林肯在他的第二次就职演说中再次提及的主题，他的演说旨在抚平国家的创伤和分裂，并呼吁美国人民"继续努力完成我们正在做的工作"。

林肯能用他的话语号召这个国家实现它的理想，这种能力植根于他的双重天赋：他对语言和叙述有种诗意的热爱，这得益于他从小就如饥似渴地阅读，以及他身为律师善于说服他人的艺术和技巧。通过阅读他演讲和信件的合集，我们可以看到这些年来林肯如何找到表达他全部个性的独特风格——从沉思、哀伤的，到诙谐、幽默的，再到急切、富有教益的。这是一种足以容纳一切的灵活风格，从朴素的讲述，到鼓舞人心的展望——展望一个积极响应"人性中的善良天使"的世界。

很多为林肯写过传记的作家都评价过他的文学天赋。有几本书特别引人注目。在《林肯：一位作家的传记》一书中，弗莱德·卡普兰探讨了莎士比亚和《圣经》在塑造青年时期林肯的情感上起到了多么关键的作用。据卡普兰观察，在林肯的一生中，莎士比亚一直是首要的试金石，塑造了他对变幻莫测的无序世界中人类困境的几近存在主义的观点，而《伊索寓言》则激发了他把讲故事作为自身示例和道德论证的手段。

在《林肯之剑：总统职位和语言的力量》一书中，道格拉斯·L.威尔逊认为，写作对总统来说像是一个避难所，是一个"将知识分子从办公室的混乱和困惑中解脱出来的地方，在那里他可以厘清冲突的选项，用语言组织他的思想"。威尔逊说，林肯"习惯在纸片上记下他灵光一现的想法"。据总统的前律师合伙人威廉·赫恩登回忆，在准备《分裂之家》演说时，他把这些小纸片放在帽子里；后来他按照正确的顺序排列这些纸片，并据此写出了演讲稿。

在准备演讲的过程中，林肯常常在朋友或助手面前大声朗读，以此判断这些讲话在听众面前的效果。他还会多次修改演讲稿，国会图书馆珍藏的手稿足以证实这一点。盖瑞·威尔斯认为，大声朗读和不断修改有助于打磨林肯的语言，使它更朴实、更精确、更简练——这和当今倾向于奇技淫巧和夸夸其谈的写作（和演讲）形成了鲜明对比。威尔斯补充说，林肯在葛底斯堡的讲话"预见了语言向方言节奏的转变，而这一转变是马克·吐温在 20 年后才完成的。海明威曾断言，所有的现代美国小说都是《哈克贝利·费恩历险记》的产物。毫不夸张地说，所有的现代政治性散文都起源于葛底斯堡演说"。

《北极梦：对遥远北方的想象与渴望》

(1986)

巴里·洛佩兹 著

英美小说——从玛丽·雪莱的经典作品《弗兰肯斯坦》到安德烈娅·巴雷特的《"独角鲸"号的远航》（1998）和伊恩·麦奎尔的《北海鲸梦》（2016）——常常把北极描绘成一片极端条件下的冰天雪地，它成了一个原始试验场，一个人类的野心和贪婪逐渐演变成暴力和死亡的地方。

今天，随着气候变化的加速，北极本身也成了人类狂妄自大的牺牲品。最新研究表明，该地区的变暖速度是地球其他地区的两倍，并经受着棘手的恶性循环：冰雪反射阳光，同时公开水域吸收阳光，融化过程导致气温进一步上升，从而引发进一步的消融。如此循环往复。不断上升的温度继而导致了海冰、积雪和永久冻土的变化，威胁着当地人和动物的生活方式。它们还引发了全球范围内的一系列后果，包括海平面上升、海洋酸度增加和更极端的天气。

鉴于这些令人担忧的事态发展，巴里·洛佩兹1986年的著作《北极梦》在今天看来既是一部荒野描写的经典之作，也是一曲献给不断消逝的世界的挽歌。借助地质学家、探险家、人类学家、考古学家和生物学家的工作，外加各种神话和一些因纽特传说，洛佩兹为我们描绘了一幅北方的印象主义画面，传达了他在四五年的旅途中所体验到的惊奇和敬畏。

在洛佩兹看来，北极不仅存在于数理地理学中，也存在于我们想象中的未知领域。在这片土地上，"飞机可发现有克利夫兰市那样大的冰山，北极熊是从星星上飞下来的"[1]，这片土地上充满了意象和隐喻，月亮可以整整闪耀一周，太阳可能连着几天都不见踪影。

他的叙述在哲学和科学、隐喻和具象之间循环往复。他描述了一个19世纪的捕鲸者初次涉足这片人迹罕至、无人认领的土地时，发现其"美丽与宏伟"的内心感受。他还描述了北极空气稀薄的高空出现的、如梦似幻的天国之光，以及它在转瞬之间变化万千、流光溢彩的过程。

洛佩兹向我们展示，第一眼看上去朴素、单调的景观，实际上是一个非常复杂的生态系统。就像早期人类的迁徙路线一样，鸟类和动物的迁徙路线中有着错综复杂的重叠性，这是由陆地的地理位置、阳光的季节变化和生存的生物节律所决定的。

---

[1] 张建国译：《北极梦：对遥远北方的想象与渴望》，桂林：广西师范大学出版社，2017年。

《北极梦》在今天看来既是一部荒野描写的经典之作，也是一曲献给不断消逝的世界的挽歌。

洛佩兹对北极动物生活的描写兼具科研论文的观察入微和小说的活泼灵动。我们了解到，北极熊有着优异的隔热性，以至于它们很难排出多余的热量（据说它们通过吃雪来解决这个问题），所以它们建造洞穴和因纽特人建造冰屋的原理是一样的。据古代传说记载，它们用爪子或雪盖住自己黑色的鼻子，这样就可以悄无声息地接近海豹。

本书的核心在于因纽特人和到访北极的西方游客对这片土地所表现出的不同态度。"对于传统的因纽特人来说，生活的重大任务仍然是遵从既定现实，"洛佩兹写道——和"这片大地对话"，与之形成鲜明对比的是，西方人认为"我们可以改变地球条件，以确保人类幸福，提供就业机会，创造物质财富和安逸"。

"因纽特人，"他继续说，"他们有时认为自己还没有完全脱离动物世界，把我们视为可能已彻底脱离动物世界的一类人。他们带着怀疑和恐惧，把我们称作'改变自然的人'。"

随着人类活动导致的气候变暖已成为北极乃至整个地球的生存威胁，这一观察结果在如今又被赋予了不祥的新含义。

《血色子午线》

（1985）

科马克·麦卡锡 著

《血色子午线》这本书会让你噩梦连连。

这个故事从始至终充斥着暴力和血腥，代表了作者霍布斯式世界观最残酷、最原始的升华。科马克·麦卡锡在《血色子午线》中有力地重述了美国西部边疆神话，使我们对于印第安人大屠杀引发的苦难和生命的代价，以及旨在窃取印第安人祖居地的驱逐政策有了坚实的理解。事实上，这部小说揭露了以"天定命运论"①为核心的黑暗帝国主义——"天定命运论"为美国西进运动②的领土扩张以及随后的海外探险提供了依据和借口。

《血色子午线》一定程度上基于1849年至1850年发生在美国西南部的历史事件，讲述了一个臭名昭著的头皮猎人队伍

---

① 19世纪40年代美国为扩张领土需要而产生的一种思潮，表达美国凭借天命，对外扩张的信念。
② 指美国东部居民向西部地区迁移的运动，始于18世纪末，终于19世纪末至20世纪初。

的故事。他们大肆屠杀阿帕契人①和墨西哥人来赢取赏金。种族主义、残忍、贪婪和嗜血驱使着他们。

在这些杀手中，有一个十几岁的男孩，麦卡锡笼统地称之为"少年"，他似乎在恐怖之中守住了"对异教徒仁慈的一角"。统治着这场恐怖的是霍尔顿法官，他是一个体型巨大、肤色苍白的怪物，喜欢发表虚无主义演说，赤身裸体地跳舞——他是撒旦的化身，声称自己永不眠、永不死。唯一真正活着的人，法官说，是"把自己全身心献给了战争之血的人，他曾经去过地狱，彻底见证了其中的恐怖，最终明白自己的内心深处是战争在召唤"。

法官绝对能跻身文学史上最可怕的恶人之一——正如弥尔顿笔下的路西法一样，他拥有居高临下的恶魔形象，在行为举止和象征意义上则让人联想到柯兹上校，由马龙·白兰度在 1979 年的电影《现代启示录》中饰演（该角色原型是一个腐化堕落、最终变疯的象牙商，出自康拉德的小说《黑暗之心》）。

其中一幕，法官在一次突袭中救下了一个阿帕契男孩，允许他避难几天，然后平静地剥了他的头皮。当小说中另一个角色说"强权不等于正义"时，法官回答说，"道德法则是人类的发明，是为了锄强扶弱"。

麦卡锡的《血色子午线》既富有歌剧色彩，又颇具福克

---

① 美洲印第安人的一个种族。

纳之风。他记载了无数人的死亡，其中一部分像"大木偶剧院"①的风格，一部分像詹姆士一世时期的戏剧，还有一部分则像《权力的游戏》。其他场景也有着令人难忘的电影效果。麦卡锡描述了一群印第安人风尘仆仆地骑马而来，身着掺杂"残留着前主人血迹的制服碎片"的兽皮制作的、"来自狂热梦境"的衣服，一个头戴烟囱帽，另一个挥舞着雨伞。他把美国西南部地区的景色勾勒得宛如地狱，坚硬、贫瘠、遍布石块。这是一幕刻画得入木三分的凄惨景象，反映了麦卡锡对于人类与邪恶进行永恒斗争的冷酷想象，以及深植于种族主义和暴力的令人心痛的美国史。

① Grand Guignol theater，指巴黎大木偶剧院，以演出情节恐怖刺激的戏剧出名。现在多指血腥戏剧、小说或电影。

《赎罪》

（2001）

伊恩·麦克尤恩　著

>>>> ✧ <<<<

伊恩·麦克尤恩的杰作《赎罪》既是一个爱情故事，也是一个战争故事，更是一个关于想象的破坏力的故事。它也是一部堪称一绝的力作——一部读者每一次阅读都既能产生共鸣，又能发现细微不同感受的小说。

小说围绕着一个名叫布里奥妮·塔利斯的 13 岁女孩的可怕谎言展开——谎言的动机则出于嫉妒、怨恨和哗众取宠的心理，以及对于成人世界的运转方式恣意妄为的幼稚想法。布里奥妮的不实指控将她姐姐的情人罗比送进了监狱，粉碎了这个家庭循规蹈矩的中上阶层生活。它们将揭示贯穿家庭成员生活的心理断层线，同时让我们意识到 20 世纪 30 年代英国存在的日益恶化的阶级对立，以及二战带来的重大社会变化。

与此同时，这部小说——按照设定，是书中角色之一写下了这部小说——对于臆想的危害以及现实与艺术之间的鸿沟，呈现出深刻的反思。书中大量的典故（包括《克拉丽莎》《诺桑觉寺》《查特莱夫人的情人》《霍华德庄园》和《达洛

ATONEMENT

IAN McEWAN

维夫人》等迥异的小说）将故事置于一个异彩纷呈的文学矩阵中，这些典故也强调了虚构作品创作中涉及的技巧——为了产出令人满意的故事而整理现实生活中的遗留问题。

在早期小说《无辜者》和《阿姆斯特丹》中，麦克尤恩发挥腹语者的天赋，清楚表达了书中那些无疑是令人讨厌的角色的观点。在《赎罪》中，即便不赞同，他也设法让促使布里奥尼陷害罗比的心理状态显得看似合理。麦克尤恩展示了她的任性莽撞和自我戏剧化的想象如何导致她无视真相，她对成人世界的愚昧无知如何造成生命的陨落和巨大的破坏，以至于她成年后将花费一生的时间来试图解释和赎罪。

作为加入步兵团的回报，罗比提前获释出狱。小说在追溯布里奥妮的谎言给塔利斯家族带来的后果的同时，还从罗比的视角对 1940 年盟军从敦刻尔克撤退进行了惊人的描述。这一系列描写可以独立作为一个宏大的场景，以惊心动魄的真实感捕捉了战争的平庸 [1] 和惨烈。

《赎罪》采用了麦克尤恩在早期作品中业已炉火纯青、熠熠生辉的叙事手法，并驾驭它们打开一个更广阔的悲剧视野。《赎罪》还将他永恒的主题（天真单纯导致的危害，过去对现在的影响以及罪恶对日常生活的侵袭）编排成一曲交响乐，既动人心弦又令人折服。

---

[1] "平庸之恶"的概念是思想家汉娜·阿伦特提出的。这里指战争的意识形态使人不思考、无判断、无条件地服从权威。

《白鲸》

（1851）

赫尔曼·麦尔维尔 著

　　在高中生和大学生看来，《白鲸》是一部公认的单调乏味、出奇冗长的小说（写什么不好，非要写鲸鱼！），以至于许多学生在教学大纲上看到它就望而生畏，以为自己要忍受一段漫长又无聊的苦读时光。然而，一旦开始阅读，许多人会发现，它其实是一本奇特而不可思议的书——它对于客观世界迷幻、广博的描述可谓全面的创新，同时语言糅合了《圣经》、莎士比亚和奇妙的俚语风格，使人沉醉其中。

　　我至今还留着我的那本《白鲸》——一本诺顿注释版的二手平装本，它是我在惠特洛克书屋花一美元买的。这是一家很棒的老式书店，坐落在康涅狄格州贝萨尼的两个旧谷仓里。我的这本书里满是前主人用圆珠笔画的下划线和笔记，还有我自己用 Flair 牌钢笔做的注释——上面有大量感叹号和许多写着"是的！"的举例说明，是我清秀的女生笔迹。

　　我爱上了这本书，一部分原因是我有幸拥有一位出色的老师——理查德·休厄尔，他让《白鲸》和莎士比亚、弥尔顿、陀思妥耶夫斯基的作品读起来真实而迫切——这些伟大的文学作品并非枯燥无味的古典名著，而是大胆而极具创造力的书籍，它们致力于解决人类一直与之纠缠的永恒问题：关于我们与上帝、自然和命运的关系的基本问题，以及人类理解力大幅上升的可能性和无可逃避的局限性。

《白鲸》是对世间的善与恶、秩序与混乱、陆地与大海的两极分化的探索；是对超验主义者乐观情绪的挑战；它也是一个关于美国社会阶层和种族的寓言，因为这个国家即将一头栽进内战；它还是对鲸类和捕鲸活动百科全书式的剖析——它代表了人类为记录和理解世界所付出的盲目而徒劳的努力。

麦尔维尔开始写这本书时年仅 30 岁，出人意料的是，不到两年时间就完成了。他运用他"作家工具箱"里的每一件工具来处理这本"伟大的作品"：在魔咒和方言、神谕和喜剧之间盘旋的诗意行文；一系列文学手法的疯狂混搭（包括引文、哲学旁白、科学分类法、独白、戏剧对话，以及一连串的明喻、隐喻和题外话）；还有所能想象到的囊括了捕鲸和鲸的方方面面令人难以置信的详细叙述（从用鱼叉捕鱼的危险，到从鲸脂中提取油的艰巨过程，再到关于各种鲸类及其解剖结构的探讨）。

尽管该小说仍以麦尔维尔年轻时身为水手亲身观察到的航海技能的内心细节为基础，但它也解决了最抽象的形而上学问题。一代又一代的学生都会写关于这部小说寓意的论文。鲸的意象可谓包罗万象，从象征着大自然不可驯服之力量的"海

尽管《白鲸》这部小说渗入了我们的集体无意识，但它已成为美国文学无限可能的缩影。

洋中最大的怪物"，到人类可以把自身黑暗想象投射到它身上的大型白色哺乳动物。至于船长亚哈，他可以被描述为一个受制于疯狂执念的莎士比亚反派，或者是美国人狂妄自大的象征，把他的愚蠢强加于"裴廓德号"全体船员，一头撞进灾难之中（由此可以联想到：内战、越南战争、伊拉克战争、气候变化）。

基于上述原因，尽管《白鲸》这部小说渗入了我们的集体无意识，但它已成为美国文学无限可能的缩影。这部小说激发了劳里·安德森、弗兰克·斯特拉、齐柏林飞船乐队和伯纳德·赫尔曼等艺术家的作品，并直接或间接影响了大卫·福斯特·华莱士、戴夫·艾格斯、诺曼·梅勒和罗贝托·波拉尼奥等迥然不同的作家。这其中当然少不了《大白鲨》，但还有更多其他作品。比如《了不起的盖茨比》的开头和结尾——更不用说菲茨杰拉德使用以实玛利[①]式叙述者的手法——就让我

[①] 以实玛利（Ishmael）是《白鲸》中叙述者的名字，也是《圣经》中的人物。后用"以实玛利主义"比喻那些与社会为敌或与同伙为敌的人，有时也比喻生物之间的互相争斗。

想到了《白鲸》。电影《星际迷航2：可汗之怒》中引用了亚哈的故事，科马克·麦卡锡的《血色子午线》和哈特·克莱恩的诗集中也有关于《白鲸》的暗示或引用。一旦你读过或重温《白鲸》，你就会发现生活中大白鲸和它无情追捕者的身影无处不在。

《门在楼梯口》

（2009）

洛丽·摩尔 著

　　洛丽·摩尔令人心碎的小说《门在楼梯口》书名来源于女主人公写的一首歌，她是个大学生，同时还是个音乐人：

　　　　你是否把我撇下

　　　　去了天堂？

　　　　亲爱的，让我同往

　　　　如果你不介意

　　　　我会越过狮子和熊

　　　　爬上那段阶梯

　　　　然而大门紧锁

　　　　于楼梯脚下①

　　别在意那些老掉牙的歌词。摩尔的小说描绘了一幅不朽

---

① 张晓晔译：《门在楼梯口》，济南：山东文艺出版社，2014年。

的画像：在"9·11"事件发生后的一年里，一个年轻女孩在美国中西部地区长大、成熟，开始进入失落和悲伤的成人世界。

正如爱丽丝·麦德默特的小说《迷人的比利》和《婚礼与守灵夜》一样，这部小说同样以恰到好处的情感精确度探索了爱的承诺与不足，以及家中最受宠爱的孩子也会有的孤独感。虽然小说有时很有趣，但它本质上关注的是疏忽导致的后果——无暇顾及所爱的人或没有为之而奋斗，以及随机发生的意外事件，就像"9·11"事件一样，可以突然摧毁或改变一个人的生活。

《门在楼梯口》的叙述者名叫塔西·凯尔金，她在20岁时回顾过往。塔西在中西部的一个小农场长大，从未坐过出租车或飞机，从未吃过中国菜，也从未见过男人穿衬衫打领带搭配牛仔裤。她的弟弟罗伯特正在漫不经心地考虑是否要参军，在弟弟眼里，她是一个专心致志、脚踏实地的大学女生，但她觉得自己迷失了方向，缺乏和朋友们一样的野心（"结婚，生孩子，读法学院"），也缺乏支撑计划的内驱力。

入读一所思想开明的中西部大学（在大学里，政治正确是必须的，学生可以学习品酒、战争电影原声赏析和普拉提等课程）后，塔西觉得自己仿佛被人带出了山洞，进入了"一种绚烂的城市生活"。

塔西的兼职工作是给一对中年夫妇当保姆，然而，这将不可逆转地改变她对世界的理解。莎拉·布林克经营着一家名为"小磨坊"的高级餐厅，她的丈夫爱德华是一名癌症研究人员。他们从东部搬来特洛伊，刚刚提交了一个 2 岁的混血女孩的收养文件，他们给她取名为玛丽－艾玛。塔西几乎马上就和小女孩拉近了关系，她的日常生活很快步入了愉悦的节奏——上课，下午散步，和玛丽-艾玛一起玩。夜晚，她经常和一个自称来自巴西，名叫雷纳尔多的帅气同学一起度过。

事实证明，雷纳尔多、莎拉和爱德华都和他们自称的形象相去甚远。这不仅仅是因为他们表里不一或是塔西天真幼稚，也关乎一时冲动和浪漫热恋的代价以及自我陶醉的后果。

经历了三次惨痛的失去后，塔西明白了丧亲之痛是如何使一个人"消极、透明化和垮掉"；日积月累的厄运是如何把一个人扫射成"一件睡衣那么薄"；对一个男人、一个孩子、一个兄弟姐妹的爱，会让一个人更易受飞来横祸的伤害（而不是更安全）。摩尔的笔触充满爱意，对生活中未必存在的事有着本能的理解，她给我们呈现了一张张美国中西部地区鲜明的数码快照——几乎每个小镇都有 DQ 冰激凌店，客人在门口排成长队，即使在冬天；房主"奇思异想和小题大做"的圣诞装饰品——"企鹅、棕榈树、鹅和拐杖糖都被照亮了，它们就像久违的老友重逢"——为邻居们提供了季节性的消遣。

摩尔带领我们参观了塔西的家庭农场。在那里，她母亲在花坛背后装了镜子，从而使洋地黄、龙葵和夹竹桃显得更茂盛了；她父亲曾让她披上一件老鹰戏服，在他的打谷机前奔跑以吓唬野生动物，好把它们引出藏身之处。（"没人想在沙拉里吃到切成片的老鼠，"她冷冰冰地说，"至少不是在这个年代。")

最令人难忘的是，摩尔令我们对她笔下人物的内心有了真实而忧伤的初步认识，她描绘了他们的恐惧、失望和隐匿的渴求，以及他们在面对日常生活的跌宕起伏和命运的狰狞面目时仍坚守梦想的努力。

托妮·莫里森作品

《所罗门之歌》（1977）

《宠儿》（1987）

　　在跨越几百年历史的小说中，托妮·莫里森运用她的历史想象力和非凡的语言天赋，记录了奴隶制和吉姆·克劳法 [①] 的恐怖之处，以及它们对美国黑人日常生活的持续影响。

　　她的小说中不乏令人痛心的暴力事件：一个逃跑的奴隶名叫塞斯，她用一把手锯割断了年幼女儿的喉咙，以免让她重蹈身为奴隶的悲惨命运（《宠儿》）；一个女人把煤油倾倒在她吸毒成瘾的儿子身上并点火焚烧（《苏拉》）。这些骇人听闻的事件都是走投无路之举，书中的人物或他们的家族早年遭遇不幸，我们只有将自己置身于相关背景下才能理解。事实上，如果说莫里森的小说中有一个始终如一的主题，那就是过去无情地塑造着现在，践踏纯真，切断逃避的可能性，以及扭曲女人

────────────

① 指 1876 年至 1965 年间美国南部各州以及边境各州对有色人种（主要针对非洲裔美国人，但同时也包含其他族群）实行种族隔离制度的法律，也被称为"黑人隔离法"。

和男人、父母和孩子之间的关系。

就像在福克纳的作品中一样，莫里森笔下的人物永远不会忘记过去；对他们而言，过去甚至还没有成为过去。显然，莫里森的写作风格受到福克纳以及拉尔夫·埃里森、弗吉尼亚·伍尔夫、加夫列尔·加西亚·马尔克斯和非裔美国人民间传说的影响。然而，莫里森从大相径庭的写作来源中锻造出了一种完全属于她自己的风格——强烈的、诗意的、普鲁斯特式融合记忆和经历的能力。

她于1987年完成的代表作《宠儿》详细描述了触目惊心的奴隶制，既具有古典神话引发的一切共鸣，又仍然植根于美国历史的可怕细节。她1977年写的小说《所罗门之歌》令人难以忘怀，这是一部典型的成长小说——一个男人成长和重生的故事，它的叙事方式跨越了寓言、现实主义和传说。

在莫里森的书中，离奇怪诞的事件层出不穷：有鬼魂和巫毒娃娃，认为自己会飞的人们，天花板上挂着的一袋袋骨头。对莫里森笔下的人物而言，这些奇闻异事可谓见怪不怪。毕竟他们亲眼见证过历史的残酷——吊在树上的尸体，被铁链锁在一起、暴晒在佐治亚州炙热阳光下的46个人——这些匪夷所思的荒谬之事已不再令人吃惊，反而是稀松平常的事情往往看起来遥不可及。

一种人生无常的意识萦绕在莫里森笔下的人物心头。他们中的许多人是孤儿：这些人曾在童年时被遗弃，或是被恋人冷落。用其中一位女主人公的话来说，他们感觉自己是"远离河岸的浮冰"，渴望找到自己的归属。同时，他们也唯恐自己过分在意。毕竟，失败和逃离很大可能导致这样的结果：双亲亡故，儿女长大，被爱人离弃，土地被出售或窃取，人们被杀害或入狱。有一些人相对幸运，他们意识到有时必须把过去抛在身后，要想得到救赎，不能沉溺于回忆，而要学会遗忘——如果无法宽恕的话。"如果你想飞，"《所罗门之歌》中主人公最好的朋友说，"你就得放弃那些拖累你的东西。"

的确，对于莫里森小说中的男男女女来说，"超越"的可能性是始终存在的——无论是欣赏"世界创造的音乐"或是寻找真爱，用《宠儿》中一个人物的话来说，就是寻找一个人能"把破碎的我，按正确顺序拼回完整的人"。

弗拉基米尔·纳博科夫作品

《纳博科夫短篇小说全集》（1995）

德米特里·纳博科夫 编

《说吧，记忆：自传追述》（1951）

>>> ◇ <<<

《纳博科夫短篇小说全集》带我们步入魔术大师弗拉基米尔·纳博科夫职业生涯中一场神奇的作品回顾展。他对于生活和艺术接合的执着，对于记忆和时间运作方式的关注，以及对于棋类游戏的喜爱——所有这一切在这本书中结合，创造出一系列变幻莫测的故事：犀利的寓言故事、怪人怪象、诡秘的后现代主义谜团。

纳博科夫很多早期的故事都流露出一种年轻人对于世界认知的错觉，一种对于"一切围绕着我的深厚恩泽，我和万物之间无比幸福的纽带"的信念。在他后期写的故事中，纳博科夫和生命的热烈拥抱（"他们牵着骆驼走在一条春意盎然的街道上，这种时候死亡怎么可能存在呢？"①）转变为更自省、更精雕细琢的沉思默想以及对死亡的深深忧虑。在一个故事中，

---

① 逢珍译：《纳博科夫短篇小说全集》，上海：上海译文出版社，2018年。

33 岁的主人公变得极其怕死，以至于他开始"采取特别措施来保证自己的生命不受命运掌控"：他不再外出，不再刮胡子，把越来越多的时间消耗在床上。

身为作家，纳博科夫的无数天赋在这部光彩夺目的故事集中得到了充分展示：他独具匠心的叙事技巧、富有音乐韵律的语言，对于细节和精度的热爱（他的两大爱好——研究蝴蝶和下棋将这一特点打磨到了极致），以及通过画面直观性和神乎其技的精湛手法唤起一个场景、一段记忆、一种感觉或情绪的能力。这些天赋足以证明他为何能对约翰·厄普代克、托马斯·品钦、马丁·艾米斯、唐·德里罗和扎迪·史密斯等作家产生持久的影响。就连大法官鲁斯·巴德·金斯伯格——在康奈尔大学读本科时，她曾是纳博科夫的学生——也说过，纳博科夫改变了她的阅读和写作方式："他教会了我用词准确和词序正确的重要性。"

纳博科夫曾经把小说家比作上帝，认为"真正的作家"——"一个真正的作家会发射星球上天，会仿制一个睡觉的人，并急不可待地用手去搔这人的肋骨逗他笑"——是拾起现实的杂乱无章，将其每一粒原子重新组合，为这个新世界绘制地图并为之命名的人。在他自己的小说中，他给人的印象是一个专横的傀儡师，无情地给予他笔下不幸的人物死亡和失望的惩罚。这就是冷漠、超然的纳博科夫，在《洛丽塔》中，他用一句两个词的插入语"（野餐、雷击）"省掉了叙述者的母亲这一角色。在《俄罗斯美女》和《菲雅尔塔的春天》中，他用区区几句话就让漂亮的女主人公们下线，在《乔布的归来》中，他用一段话就使可怜的主人公失去了新娘。

如果说这些故事为纳博科夫赢得了冷酷无情的名声，那么这些故事中也有一抹发自内心的忧郁，这根植于他长期流亡的经历，以及他对生命转瞬即逝的敏锐意识。他在革命前的俄罗斯一个富裕贵族家庭长大——一个他在普鲁斯特式的耀眼的回忆录《说吧，记忆》中巧妙创造出来的世界——却遭遇了两次颠沛流离的经历。1919 年，他的家人逃离俄国，最终在柏林定居，而他的父亲正是在柏林被一名右翼狂热分子杀害。1940 年，在经历了数年试图逃离欧洲却无果的绝望后，纳博科夫和他的妻子薇拉以及他们的儿子德米特里终于找到了前往美国的途径——就在巴黎被纳粹攻陷前的一个月。

他曾抱怨说，放弃自己的母语（"丰富无比的母语——那些我可以信手拈来的自然语汇，可以娴熟驾驭的俄文"），转而说"二流的英语"，就像"一个花滑冠军改穿旱冰鞋"。

在美国，纳博科夫先后在韦尔斯利学院和康奈尔大学任教，到了夏天，他和薇拉会开着一辆奥兹莫比尔汽车环游美国西部，行驶 20 多万英里，只为到落基山脉和大峡谷等地寻找蝴蝶。

纳博科夫开始爱上他笔下"可爱、轻信、梦幻、广袤的国度"，但伴随着流亡生涯油然而生的失落感——失去家园，失去母语——就像一股电流贯穿了《说吧，记忆》和许多其他的故事，呈现在我们面前的是他笔下人物遭受的错失的联系和背弃的承诺，以及悲伤、分离和死亡。

在一篇辛酸的叙述中（在《说吧，记忆》和这本故事集中都有出现），纳博科夫用一种厌恶和同情奇异结合的情绪来纪念他的童年家庭教师。故事接近尾声时，他自问道："在我认识她的那些年里，我是不是一直完全忽略了她身上的某些东西，比她的几层下巴或者她的习性或甚至她的法语更为本真得多的她，"他后来意识到，"是只有在我具有安全感的童年时代最为挚爱的人和物已经灰飞烟灭或者心脏中弹之后，我才能够领悟赏识的什么东西。"①

---

① 王家湘译:《说吧，记忆：自传追述》，上海：上海译文出版社，2009 年。

《在德黑兰读洛丽塔：以阅读来记忆》

（2003）

阿扎尔·纳菲西 著

阿扎尔·纳菲西于 2003 年出版的书《在德黑兰读洛丽塔》是一部动人的回忆录，讲述了毛拉①统治下的伊朗生活。最具感染力的一点是，它还是一个书友会的成立史，这个书友会对纳菲西和她的学生而言有着改变人生的意义——令他们了解小说如何使人逃避意识形态，以及收获对个人表达的颠覆性认同。

纳菲西曾在几所伊朗的大学教文学，在 1997 年离开伊朗前往美国之前，她在德黑兰的家中为她以前的一些女学生成立了一个读书会。即使在学校里，她和她的许多女学生也因为未戴面纱或佩戴不当，以及学习颓废的西方国家课文而遭到攻击。她的读书会成员有着各不相同的政治和宗教观念，最初她们羞于分享自己的观点。但渐渐她们把每周的聚会作为某种意

---

① 对伊斯兰教教师或领袖的尊称。

义上的庇护所，一个她们可以分享彼此信念的地方——从她们的梦想抱负到她们的灰心失望，再到她们和男人的关系——她们可以根据正在阅读的书籍来探讨一些话题。

纳菲西回忆道，她的学生们很快就和纳博科夫的作品建立起一种特殊的联系，尤其是《斩首之邀》，文中孤独而爱幻想的男主角独具创见的个性使他在一个"整齐划一不仅是常态，也是法则"的社会中格格不入；还有《洛丽塔》，纳菲西将其解读为关于"一个人的生命被另一个人没收"的令人不安的故事。她的学生们与这位俄罗斯流亡者的作品主题产生了更深的共鸣，她们理解和认同他的作品——一种对生活的变幻莫测的共鸣。她写道："他的小说围绕着陷阱发展，这些陷阱经常冷不防抽走读者脚下的地毯。""小说中充满了对所谓日常现实的怀疑，让人时刻感受到日常现实的反复无常与脆弱渺茫。"[①]

纳菲西的学生们同样认为 F. 斯科特·菲茨杰拉德和亨利·詹姆斯的作品能激发读者的共鸣。在她们眼中，亨利·詹姆斯笔下的女主人公黛西·米勒和凯瑟琳·斯洛珀是"反抗时代传统""拒绝任人摆布"的女性。

纳菲西观察到，缺乏怜悯心和同理心是她多年来教授的小说中许多反派的共同特点：詹姆斯笔下形形色色的人物（包括《华盛顿广场》中的父亲和追求者）；"纳博科夫笔下残忍

---

① 朱孟勋译：《在德黑兰读洛丽塔：以阅读来记忆》，北京：外语教学与研究出版社，2015年。

> 这也是纳菲西将小说视为一种"民主的"艺术形式的原因：通过同理心和想象力，小说能让读者对他人的经历感同身受。

的主角们：亨伯特，金伯特，范和阿达·韦恩"；以及《了不起的盖茨比》中冷漠又自恋的布坎南。

"最大的罪过是对他人的问题和痛苦视而不见，"纳菲西写道，"无视它们就等于否认它们的存在。"

就此而言，她补充说，现代小说中的反派可以被描述为"毫无怜悯心和同理心的怪物"，他们会侵犯他人的权利和自尊。她说，"在我看来，欠缺同理心是一个不好的政权主要的罪恶，其他人便上行下效。"

这也是纳菲西将小说视为一种"民主的"艺术形式的原因：通过同理心和想象力，小说能让读者对他人的经历感同身受。她写道："一部好的小说能展现个体的复杂，并创造足够的空间让所有角色表达心声。""一部伟大的小说能提高你对生活和个体复杂性的理解和敏感度，让你不再自以为是地用固定的善恶模式看待道德。"

《毕司沃斯先生的房子》

（1961）

V.S. 奈保尔　著

　　奈保尔的小说和非小说类作品所触及的主题引发了 21 世纪众多最具批判性和争议性的辩论：发展中国家和西方世界之间的关系，殖民压迫和后殖民主义混乱导致的持续负面影响，传统和现代之间不断升级的紧张关系，以及移民和流亡者在日益全球化的世界中所经历的错位感和文化眩晕感。

　　奈保尔对这些问题的痴迷源于他自己的人生经历，他在特立尼达① 长大，祖父是一个来自印度的包身工。从幼时起，他就决心逃离乡村的成长环境，成为一名作家。他获得奖学金远赴牛津大学就读，在伦敦成为一位杰出的文学家，并于 2001 年获得了诺贝尔文学奖。然而，他始终觉得自己是异乡人。

　　奈保尔的部分后期作品写的是他所谓"不完整的世界"，在非洲、加勒比地区、拉丁美洲和中东的一些地方，"西方国家正在装箱打包，等待直升机的到来"。这些作品被他对表现

---

① 特立尼达和多巴哥共和国，中美洲加勒比海南部国家。

对象的鄙夷所扭曲——他对于人性尖刻、厌世的观点，以及他对于第三世界国家的愚昧、迷信和被动的抨击和指责。奈保尔承认这种蔑视出自个人根源，它源于一种防御心理以及他年轻时对弱点和耻辱的恐惧。在1961年出版的小说《毕司沃斯先生的房子》中，他对于阿南德，也就是主人公才华横溢的儿子的描述，显然是作者本人年轻时的写照，"他的冷嘲热讽让别的孩子对他敬而远之。起初，他只是模仿父亲，摆摆谱。但是很快讽刺变成了轻蔑"，轻蔑"成为他天性的一部分。这带来了缺陷，带来了充分的自觉和长久的孤独，但是也让他所向无敌"[①]。

奈保尔的第四本书《毕司沃斯先生的房子》是他的代表作。这时疏离感尚未演变成愤世嫉俗和居高临下，奈保尔将他的父亲和自己在特立尼达的童年经历稍加改编，描写了加勒比封闭落后地区的生活，笔触中既有同情又有滑稽的冷漠。他用一双记者特有的明察秋毫的眼睛，和狄更斯式描绘肖像的才能，生动逼真地呈现了毕司沃斯先生的形象，令读者如见其人。毕司沃斯先生住在一幢土屋的其中一间房里，以画广告牌为生，他渴望有一天能拥有自己的房子，但这似乎是个遥不可及的追求——"建在属于自己的半张地皮上，他自己的那部分土地上"。房子代表着家和归属感的梦想，代表着从专横的姻亲家族中独立出来。经过多年努力，并历经几十年的不幸和

---

① 余珺珉译：《毕司沃斯先生的房子》，海口：南海出版公司，2015年。

屈辱，毕司沃斯成为一名记者，在他于 46 岁去世之前终于得偿所愿。和毕司沃斯一样，奈保尔的父亲西帕萨德也为特立尼达的一家报纸工作；他也是一个心怀抱负的作家，"出自个人需要"写作短篇小说。在某种程度上，西帕萨德把自己的文学梦传递给了才华横溢的儿子，同样地，他的儿子则希望自己的人生能在某种程度上实现父亲的梦想。奈保尔在 1983 年写道，他的父亲"与其说是一个读者，不如说是一个啃书人"，但他"崇尚写作和作家。他使作家这一职业看起来是世界上最高尚的职业；因此我决定成为那种高尚的人"。

《天生有罪：特雷弗·诺亚的变色人生》

（2016）

特雷弗·诺亚 著

　　就像特雷弗·诺亚主持的《每日秀》一样，他的脱口秀节目也得益于其对荒诞的敏锐嗅觉——他于2016年出版的扣人心弦的回忆录《天生有罪》清楚地表明，这一特点是他在种族隔离制度下的南非度过童年时代时所磨炼出来的技能。

　　他的自传时而痛苦，时而悲伤，时而妙趣横生，通过家庭的视角呈现了南非近代史令人不安的一面——南非制度化的种族隔离和白人统治下日常生活的残酷，以及在20世纪90年代南非突然进入的后种族隔离时期。尽管一些故事带有喜剧色彩，但却是对"流着一半白人血液，一半黑人血液"的自己原始而深刻的个人回忆——在这个国家，他的出生"违反了无数的法条、章程与规则"。

　　诺亚的母亲是科萨人，父亲是瑞士裔德国人。诺亚回忆说："我唯一能和父亲相处的时间都是在室内。""一旦我们出门，他就得到马路对面走。"作为一个浅肤色的孩子，被人看到和母亲在一起也很危险："她会牵我的手或抱着我，但警察一出现，她会立刻把我放开，假装我不是她的孩子。"①

他大部分时间都待在家里，没有任何朋友，变得善于独处："我读书，玩我的那些玩具，脑子里能幻想出一整个世界。我可以在我的脑子里玩。我现在依然可以这样。此刻，如果你让我一个人待上几个小时，我仍然可以玩得很开心。我有时还得提醒自己，该多和人接触接触了。"

他很早就发现，语言是伪装自己差异的一种方式。他的母亲懂科萨语、祖鲁语、德语、南非语和索托语，并利用她的知识"跨越种族界限，处理难题，闯荡世界"。她要确保自己儿子的第一语言是英语，因为"如果你是一名生在南非的黑人，英语会助你一臂之力"。

作为一个天赋异禀的模仿者，特雷弗成了"变色龙"，利用语言获得了学校和街道的认可。"如果你对我说祖鲁语，我就回你祖鲁语，"他写道，"如果你对我说茨瓦纳语，我就回你茨瓦纳语。也许我和你长得不一样，但我们讲的话一样，我们就是一伙的。"高中时，他已成为一个很有创业头脑的生意人，专门拷贝和售卖盗版 CD。他和朋友们很快就投身于 DJ 行业，在亚历山大地区举办喧闹的舞会。亚历山大是"一个狭小又

---

① 董帅译：《天生有罪：特雷弗·诺亚的变色人生》，北京：北京联合出版公司，2018 年。

《天生有罪》不仅讲述了作者在种族隔离制度下的南非可怕的成长历程，同时也是一封写给伟大母亲的动人情书。

拥挤的贫民窟"，被称为"蛾摩拉城"①，因为那里有"最狂野的派对和最恶劣的犯罪"。

《天生有罪》不仅讲述了作者在种族隔离制度下的南非可怕的成长历程，同时也是一封写给伟大母亲的动人情书。作者的母亲从小和 14 个兄弟姐妹一起住在棚屋里，但她决心不让自己的儿子重蹈覆辙，交着她所谓的"黑人债"长大成人——黑人家庭不得不"穷尽一生来填补过去的缺口"，利用他们的技能和受到的教育，把亲戚们"拉回生活的起点"，因为"你的长辈们已经被剥夺殆尽"。

故事讲述的是一位笃信基督的女士，她将自己的奇迹生还（头部中枪）归功于自己的信仰；周日，她会带着儿子辗转三个教堂，周二要去祷告会，周三要学习《圣经》，周四晚上是青年礼拜——即使是在街上发生危险的暴乱、很少有人敢

_____

① 圣经中的罪恶之都。

出门的情况下。

　　诺亚写道，传统上，科萨家庭给自己小孩取的名字总要带点含义。他母亲的名字叫帕特莉莎·努拜伊赛罗·诺亚，意思是"奉献的人"；他的表哥穆隆格斯的名字意为"修补的人"。诺亚补充说，他的母亲特意给他取了一个名字——特雷弗（Trevor），"这个名字在南非没有任何意义，在家族中也没人叫过：甚至都不是从《圣经》上来的。这就是个名字而已。我妈妈希望她的孩子不要被命运束缚。她希望我可以自由地去任何地方，做任何事，成为任何人。"

巴拉克·奥巴马作品

《我父亲的梦想：奥巴马回忆录》（1995）

《我们自己就是我们寻求的改变：奥巴马演讲集》（2017）

E.J. 迪奥尼，乔伊安·瑞德 编

>>> ✿ <<<

自林肯以来，还没有哪一位总统像奥巴马那样，如此有力地运用自己身为作家的口才来激励、说服他人，并清楚表达自己的愿景。他最令人难忘的演讲是透过历史的视角来加强和明确某个时机的意义，提醒我们美国赖以建立的自由、公正和平等之理想，以及为了使《独立宣言》中的承诺对每个人来说都能成真而持续了近两个半世纪的历程。

与林肯和马丁·路德·金一样，奥巴马有着长远的历史眼光；他认为美国是一个"不断进步的国家"，一个因奴隶制原罪而伤痕累累的国家，但通过坚持不懈的努力和无私奉献，美国一定能摒弃过去。他在演讲中提醒我们美国自奴隶制和种族隔离的时代一路走来的历程，为创建一个更完美的联邦，我们还有很长的路要走。

DREAMS
FROM MY
FATHER

BARACK
OBAMA

在"由塞尔玛向蒙哥马利游行"①活动 50 周年纪念日的演讲中，奥巴马总统认为塞尔玛"不是一座博物馆或只能从远处瞻仰的纪念碑"；相反，它是"向我们的自由迈出的一小步"，也是对"相信美国依旧潜力无穷，我们会足够强大到能自我批评，每一代成功的人都能够明白自己的不足，并且致力于用自己的力量来改造这个国家，使得她能与我们的最高理想更为贴近"这一信念的表达。这是根植于《圣经》及其救赎承诺的乐观主义愿景，也是一种更加存在主义的信念，即人们有能力不断重塑自己。

那些为奥巴马担任总统期间的演讲增光添彩的过人才智和语言天赋，早在他 33 岁时撰写的回忆录《我父亲的梦想》中就有所体现。这本回忆录是如此流畅动人，让人不由得以为这位年轻作者选择了文学作为职业，而非政治或法律。这本书证明了奥巴马与生俱来的叙事才能，身为作家灵活多变的表达方式，以及天才小说家和诗人方能拥有的共情与超然的反常结合：他以局外人的眼光审视生动的情感细节；他有深思熟虑的天赋；他有能力引导和表达他在颠沛流离的少年时代和在芝加哥担任社区组织者期间遭遇到的形形色色的经历。

《我父亲的梦想》讲述了一个年轻人的成长历程，以及他为接纳自己复杂的种族身份付出的努力。他的父亲是肯尼亚人（父亲在他蹒跚学步时就离开了他们），母亲则来自堪萨斯州。

---

① 马丁·路德·金于 1965 年组织的争取黑人权益的游行。

作者试图在这个故事中追寻自己的家族渊源，在这个过程中，他把自己塑造成追寻父亲的忒勒玛科斯[1]和寻找家园的奥德修斯。故事讲述了一个男孩在夏威夷和外祖父母一起度过了他的性格形成时期，竭力解决他的信仰和归属等基本问题，他与朋友们谈论种族和身份，阅读鲍德温、埃里森、赖特、杜波依斯、马尔科姆·艾克斯的作品，试图"让自己成为一个美国黑人"。

在 2004 年出版的《我父亲的梦想》的前言中，奥巴马写道，他希望自己的故事"可能会在某些方面涉及美国历史上无法抹灭的种族隔阂问题，以及地位身份变动的状态——一直以来，这都是一个飞跃，一种文化冲突的状态，那是我们现代生活中的烙印"[2]。正如他在 2004 年民主党全国代表大会的专题演讲中指出的那样——这次演讲让他声名鹊起——"若不是在美国，我的故事无论如何都不可能发生。"

---

① 希腊神话中奥德修斯和佩内洛普的独子，奥德修斯出征特洛伊后久久未归，忒勒玛科斯便在雅典娜的建议下踏上寻父旅程。
② 王辉耀，石冠兰译：《我父亲的梦想：奥巴马回忆录》，南京：译林出版社，2009 年。

《那儿，那儿》

（2018）

汤米·奥兰治 著

>>>✧<<<

汤米·奥兰治的处女作《那儿，那儿》（*There There*）的书名来自格特鲁德·斯泰因评价加州奥克兰[①]的名言："那儿是个空无一物的地方。（There is no there there.）"对于奥兰治笔下的一个人物来说，斯泰因发现自己童年记忆中的奥克兰已消失不见，是对美国各地原住民遭遇的一种隐喻：他们祖传的土地被窃取、出售、开发，铺满了"玻璃、混凝土、电线和钢铁"。

作为俄克拉荷马州夏安族和阿拉帕霍部落的一员，最近刚获得美国印第安艺术学院艺术硕士学位的汤米·奥兰治创作了一部交响乐般的小说——关于身份认同和家的含义，关于家人、回忆和叙事的力量。这部小说一扫多年来美国文化持续宣扬的一切对印第安人生活的刻板印象——"悲哀失败的印第

[①] 加州人口第八大城市，地处旧金山湾区东北部，斯泰因童年时曾和家人长期居住在此。

安人剪影"凯文·科斯特纳①拯救了我们，约翰·韦恩②的六发式手枪杀害了我们"——相反，它赋予我们万花筒般千变万化的视角，让我们得以一窥跨越三代人的当代印第安人生活。

奥兰治的文字犀利而热烈，他在12个不同视角之间来回切换，带我们认识了一群生活在奥克兰（或出生于奥克兰）的人物，他们相互关联的生活将会在奥克兰体育馆举行的帕瓦仪式③上发生碰撞。这些人试图弄清自己是谁，属于哪里，甚至如何称呼自己。

"在他们到来之前，我们没有姓氏，"奥兰治写道，"当他们决定要跟踪我们时，我们就有了姓，就像我们被统称为'印第安人'这个名字本身一样。它们有的是夹生的译名，有的是拙劣的印第安人名，有的是随机的姓氏，还有从美国白人将军、海军上将、上校那儿流传下来的名字，有时是部队名——它们有时只用颜色命名。于是我们就被叫作黑色、棕色、绿色、白色和橙色。我们也是史密斯、李、斯科特、麦克阿瑟、谢尔曼、约翰逊、杰克逊。我们的名字是诗歌，是对动物的描述，是很有意义又毫无意义的形象。"

奥维尔·红羽毛（Orvil Red Feather）——在母亲自杀后，由姑婆抚养长大——在网上了解了关于"身为一个印第安人"的大部分知识，"用谷歌搜索诸如'身为一个真正的印第安人

---

① 美国导演、演员、制片人，代表作《与狼共舞》。
② 美国演员，以出演西部片和战争片中的硬汉而出名，代表作《搜索者》。
③ 指美国印第安人的仪式或各种集会，比如部族会议。

意味着什么'之类的东西"。托马斯·弗兰克的妈妈是白人，爸爸是一个"正在戒酒的巫医，来自印第安人居留地"。他加入了一个名为"南方月亮"的鼓乐队，但他不知道如何应对自己混血儿的身份："你来自一个不断掠夺他人的民族。同时又来自一个被掠夺的民族。你两者都是，又两者都不是。"

欧珀尔·维奥拉·维多利亚·熊盾（Opal Viola Victoria Bear Shield）一直在抚养她姐姐的三个外孙，她想起母亲曾告诉她，记住过去是多么重要，因为政府永远不会纠正错误，甚至不会回顾发生过的事情："所以我们能做的就是了解我们从哪里来、我们的人民遭遇了什么，以及如何通过好好生活并讲述我们的故事来致敬他们。她告诉我世界是由故事构成的，没有别的，只有故事，和关于故事的故事。"

毫无疑问，正是在这部激烈、悲伤、有趣、超然的小说中，汤米·奥兰治讲述了那些故事。

《1984》

（1949）

乔治·奥威尔 著

2017年1月，也就是唐纳德·特朗普宣誓就任总统之时，乔治·奥威尔的小说《1984》（初版于1949年）跃升至畅销书榜首。读者们意识到《1984》这本反乌托邦小说——它讲述的是在一个极权主义国家，独裁者"老大哥"利用谎言、宣传和播撒仇恨来执行党的绝对统治——令人不寒而栗地反映了一个日益充斥着玛格丽特·阿特伍德称之为奥威尔式"危险信号"的政治场景。

特朗普政府利用一名总统顾问口中的"另类事实"为其所有一意孤行的反常决策辩护，从移民政策到取消旨在保护环境的法规等，不胜枚举。特朗普的一连串言论——在他的总统任期内变本加厉——不仅传播虚假信息，而且意图助长麻木不仁和愤世嫉俗的风气，阻挠人们关心政治进程。

在特朗普总统任期的前三年，许多读者还注意到《1984》中其他不祥的相似之处：为了分裂大众，厚颜无耻地煽动恐惧和怨怼（奥威尔称之为日常的"两分钟仇恨"仪式）；蓄意篡

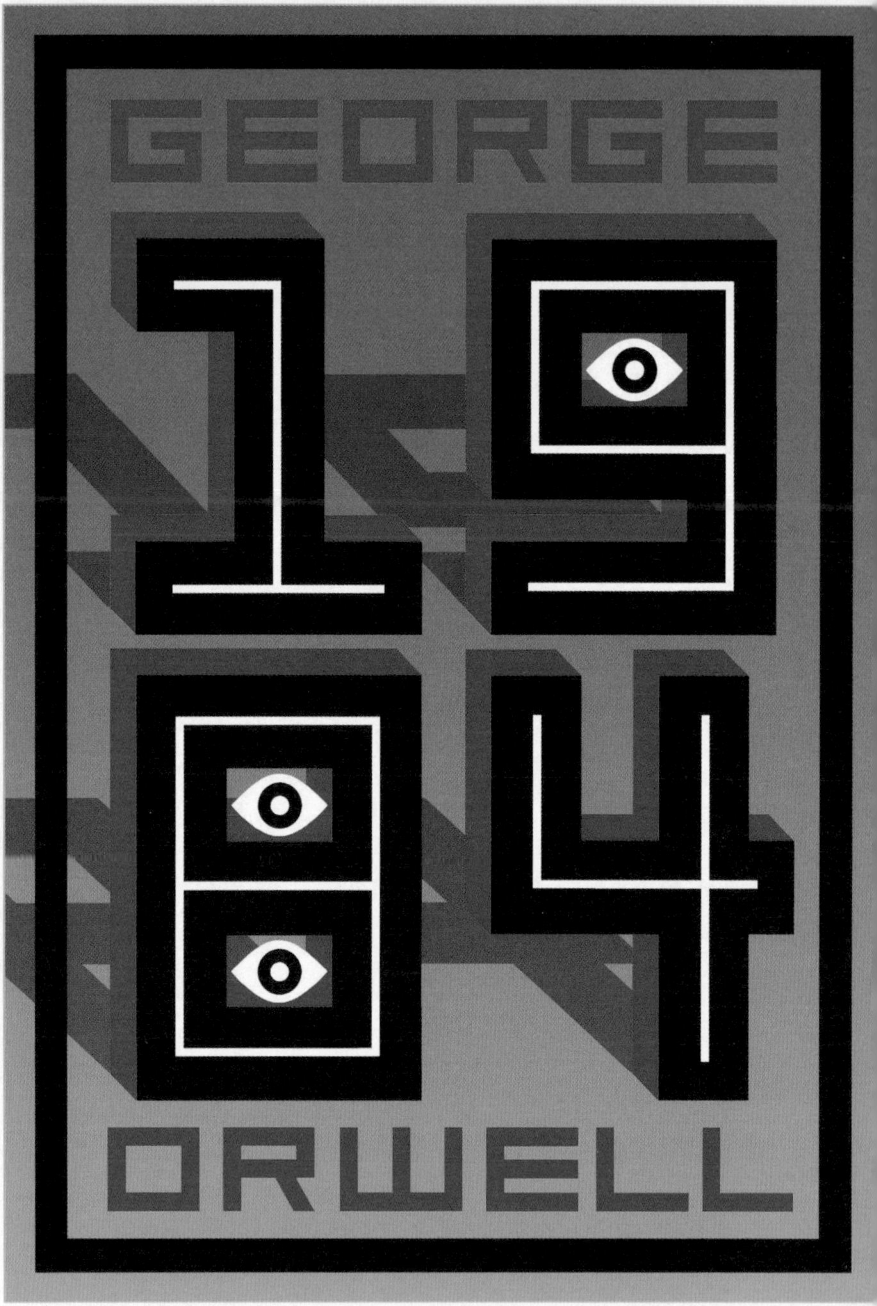
GEORGE
1984
ORWELL

改历史和时事，同时抨击主流媒体为"假新闻"；以及对科学和循证论证的边缘化，因为用奥威尔的话来说，这种实证思维方法表明"现实是客观的、外在的、独立存在的东西"。在《1984》中，这些都是"老大哥"用来控制人民的策略，坚持"党认为什么是真理，什么就是真理"——即使它坚信"2+2=5"或者"战争即和平""自由即奴役""无知即力量"。

在1944年的一封信中，奥威尔解释了自己为什么要写这本小说——也就是后来的《1984》。他写道，他担心"人们普遍对民主的衰落漠不关心"，担心民族主义运动"会使他们聚集在某个超人领袖周围"，并"采用'只要目的正确，就可以不择手段'的理论"。他补充说，由此产生了一种倾向，即"不相信客观真理的存在，因为所有事实都必须符合某个蛊惑人心的领导人的言论和预言"。

在《1984》出版70年后，特朗普总统及其拥趸的言论听上去像是对奥威尔经典著作的摘抄。

"你看到的和正在读的，"特朗普宣称，"并不是正在发生的事情。"他的律师鲁迪·朱利亚尼说过这句令人不寒而栗的话："真相不是真相。"

《看电影的人》

（1961）

沃克·珀西 著

　　沃克·珀西笔下的主人公比克·保林有一种苦恼，那些天性羞涩、备受呵护或迷失自我的人，以及那些在成长过程中花大量时间看电影或读书的人，都会立刻产生同感：比克通过电影间接了解的故事往往比他自己的经历更真实、更生动。

　　正如比克所解释的："我从书里读到过，其他人会珍藏他们生活中难忘的时刻，就像他们在书里说的，日出时分登上帕德农神庙，夏夜在中央公园遇到一个寂寞女孩，并和她确立甜蜜而自然的恋情。我也曾经在中央公园遇见过一个女孩，但那也没什么好记在心上的。我记住的是在电影《关山飞渡》里，约翰·韦恩一边倒向尘土飞扬的街面，一边用卡宾枪射杀了三个人的场景，是《第三人》里小猫在门口发现奥森·威尔斯的那个时刻。"[1]

　　比克出身于南方贵族家庭，是一名朝鲜战争退伍军人。

---

[1] 1949 年上映的悬疑电影，奥森·威尔斯扮演了神秘的"第三人"，伴随着夜色中一只黑猫的窜逃身影，在路灯下现出真身，此片段成为影史经典。

他在新奥尔良郊外的一个中产阶级居住区过着完美的生活，职业是股票债券经纪人。他29岁，魅力四射，机灵幽默；他有很多女朋友，开一辆红色"名爵"①，会去墨西哥湾海岸过周末。然而，在回忆起他在战争期间的一次顿悟后，比克决定开始"寻找"。他到底在寻找什么，小说里并没有明确指明——也许是目标，也许是自我认知或信仰——但他知道，人类存在的意义肯定不止工作和消遣。

在情感上，比克与塞林格的《麦田里的守望者》中的霍尔顿·考尔菲德以及索尔·贝娄的《晃来晃去的人》中内心才盾的主人公约瑟夫一脉相承。上述人物都是自省型主人公，想要寻找一种20世纪美国的生活方式——20世纪的美国让他们觉得虚伪、消费导向、肤浅。和霍尔顿一样，比克也是一个很有吸引力的叙述者——我们觉得他像个熟悉的老朋友，和我们一起长大。他长期身为观察者的状态对当今的很多人来说再熟悉不过了——即使是那些并不沉迷于电影或书籍的人。毕竟，科技越来越多地在我们和世界之间显示它的存在感：我们常常在手机上查看短信或电子邮件，而不去关注身边的人。

虽然《看电影的人》是珀西出版的第一部小说，但珀西多年来一直笔耕不辍——从医学院毕业后他患了肺结核，在康复期间阅读的许多哲学书激发了他的灵感。索伦·克尔凯郭尔，其次是加缪和萨特的思想，都渗透到了《看电影的人》

① 一个源自英国的汽车品牌，成立于1924年，以生产MG系列敞篷跑车闻名。

以及珀西后来的小说《最后的绅士》和《兰斯洛特》中。比克本人也用了很多哲学术语来解释他寻找自我的努力，他谈到了阅读一些重要书籍——比如《战争与和平》和薛定谔的《什么是生命》——作为他理解宇宙的"垂直搜索"的一部分。

然而，读者逐渐认识到，比克的高谈阔论实际上是他对周遭世界冷漠超然态度的一部分，他需要将日常生活的方方面面理智化。自从比克的姑妈让他负责照看一个有自杀冲动的远房表妹凯特后，比克便不再谈论自己的"寻找"。他慢慢地爱上了脆弱的凯特，为了照顾她，他往外迈出了一步，突破自我，走进了这个世界。

《梅森和迪克逊》

（1997）

托马斯·品钦 著

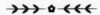

  一本近 800 页的兄弟情小说，写的是 18 世纪两位测绘员的故事。这个主题听上去可能算不上多吸引眼球，然而，托马斯·品钦在出版于 1997 年的杰作《梅森和迪克逊》中，把这个前提变成了他写作生涯中最动人、最沉浸式的小说，它表达了对美国历史及其代价和不满的极具创新的思考。

  当然，梅森和迪克逊是现实生活中的英国测绘员，他们绘制了革命前美国宾夕法尼亚州和马里兰州之间的边界线——也就是后来为人熟知的梅森 - 迪克逊线，分隔美国的南方和北方。据品钦所述，梅森曾接受过天文学家训练，他是一个忧郁的人：郁郁寡欢、形单影只，因妻子的早逝而备受折磨。而迪克逊喜爱交际：热衷泡妞、花天酒地、寻欢作乐。

  在品钦对他们的故事古怪的重新设想之下，梅森和迪克逊成了令人难忘的一对拍档，就像堂吉诃德和桑丘·潘沙、哈克和汤姆、平·克劳斯贝和鲍勃·霍普①一样。他们对荒野测绘的追求为品钦笔下热情奔放的流浪汉小说提供了骨架：就像一棵圣诞树，品钦可以尽情为其装点：笑话、歌曲、双关语、讽刺杂耍表演、漫谈闲聊，以及《项狄传》式的各种各样的题外话，从机械鸭到巨型奶酪，再到金星凌日②。

品钦给他笔下的早期美国注入了一种黑色喜剧的形而上学，让人想起他1966年发表的小说《拍卖第四十九批》。与此同时，他在小说中创造的世界有种小城镇的亲切感，会让一些读者联想到拉里·麦克穆特瑞笔下的西部地区。

一如品钦描述的那样，梅森和迪克逊在荒野中测绘分界线的苦苦探寻，成为开国元勋一代竭尽全力建立一个基于理性和进步的启蒙原则的新国家的隐喻。一个致力于实现自由平等的民主理想的国家，却建立在数不尽的暴力和剥削之上——印第安人大屠杀，奴隶买卖，驯化前景无限的荒野，并将其改造成一片令人麻木的景观："客栈、商店、马厩、技能游戏、戏剧表演、娱乐花园……散步道，不，是购物中心。"

品钦最爱的主题交织贯穿了全书，最为显著的是秩序与混乱、命运与自由选择、偏执妄想与虚无主义之间的动态关系。是否存在牵强的阴谋论来解释宇宙的复杂性，还是说，一

---

① 两人都是美国顶级喜剧演员，合作主演了七部"路系列"影片。

② 金星轨道在地球轨道内侧，某些特殊时刻，地球、金星、太阳会在一条直线上，这时从地球上可以看到金星就像一个小黑点一样在太阳表面缓慢移动，天文学称之为"金星凌日"。

切只是随机的？在现代生活中似乎有越来越多的奇怪巧合，它们是否预示着一种隐藏设计，或仅仅反映了我们沉迷于将桩桩件件的细节串联起来的强迫性需求？是为了创造叙事和故事，还是为未知的荒野绘制地图？

作为小说家，品钦一切标志性的天赋都在这本书里得到了充分展示——包括他对冗长杂乱情节的偏爱，对古怪的狄更斯式名字的喜好，以及他身为小说家旁搜博采的才能——但他以前从未创造过像梅森和迪克逊那样情感深刻的人物。的确，这部小说展开了对美国历史的宏大思考，同时也以哀婉的同情和智慧揭示了主人公们的内心世界。

《滚吧，生活》

（2010）

基思·理查兹（和詹姆斯·福克斯合著）

　　对于众多滚石乐队的粉丝来说，基思·理查兹不仅是这个世界上最伟大的摇滚乐队的灵魂人物，也是反叛的化身：亡命之徒，海盗，另类诗人，灵魂幸存者和罪犯头目，"遍体鳞伤"的法外之徒，这个星球上最酷的家伙。他既是摇滚明星"最可能暴毙"榜单第一名，也是除了蟑螂之外最可能在核战争中幸存的生命体。①

　　在激动人心的回忆录《滚吧，生活》中，理查兹写下被粉丝们神化为叛逆英雄的怪异感受，并记录了巡演途中令人筋疲力尽的生活仪式，以及在录音室创作和录制新歌的奇妙时刻。

　　时而真挚，时而顽皮，时而温柔，时而冷嘲热讽、毫不留情，理查兹的文字异常坦率和直接。他描述了阿尔塔蒙特事

---

① 出自英国主持人比尔·希克斯的经典笑话："核爆炸后将有两种生物幸存——蟑螂和基思。"

件^①前后在巡演路上和滚石乐队其他成员共度的生活，使我们对那段疯狂岁月有了一种难忘的、时间胶囊般的感觉；他惊心动魄地叙述自己多次死里逃生的经历（和警察斗智斗勇、保释出狱、戒毒）；同时，他也对一众朋友和同事进行了生动鲜明的描写。

然而，《滚吧，生活》不仅仅是一本揭露娱乐界的回忆录，同时也是一幅摇滚鼎盛时代高清的速画像，是一份来自反主流文化旋涡深处的原始报告，它讲述了摇滚音乐如海啸一般席卷英美两国的过程。读这本书就像是与一位大师级艺匠在工作室共度一个令人大开眼界的不眠之夜，听他吐露自己的艺术秘籍。这是一个私密动人的故事，它讲述了一个人几十年来漫长而奇特的经历，言语中丝毫没有艺术大师描述自己时常见的虚伪、谨慎或自我意识。

当然，滚石乐队的铁杆粉丝会仔细阅读《露比星期二》^②和《给我庇护》^③等名曲的创作由来、理查兹的一些经典吉他重复乐段的诞生过程，以及他和米克·贾格尔之间合作动态的详细讨论。然而，这本书也会让那些对滚石乐队只是兴之所至，或是一知半解地把理查兹视为又疯又坏又危险的摇滚之神的外行们惊叹不已。这本书就是那么吸引人。

---

① 1969 年 12 月 6 日，滚石乐队在旧金山城外的阿尔塔蒙特赛车场举办演唱会，不幸造成歌迷伤亡。

② Ruby Tuesday，收录于滚石乐队 1967 年发行的专辑 *flowers*。

③ Gimme Shelter，收录于滚石乐队 1969 年发行的专辑 *let it bleed* 中。

理查兹的行文风格就像他的吉他演奏：激烈，粗犷，独树一帜，哀婉动人又直抒胸臆。正如滚石乐队完善了一种包罗万象的标志性声线（从狂暴的酒神颂歌到关于爱、时间和失落的忧郁民谣），理查兹也在字里行间找到了属于自己的声音——一种浓重、原始的基思式表达——使他能够以发自内心的真诚和坏小子的魅力，发表有趣的街头观察、温柔的家庭回忆、漫不经心的世俗奇谈以及讽刺性的文学典故。

理查兹说，写歌这件事早早把他变成了一个总在寻觅"弹药"的观察者。无论是描述二战后他在达特福德小镇度过的童年，或是他和朋友们早年在伦敦时流连忘返的烟雾缭绕的布鲁斯俱乐部，还是描述滚石乐队后期巡演中恶劣的挥霍无度——当时他们已经"变成了一个海盗国家"，包下了酒店的所有楼层，"带着律师、小丑和服务员在我们的旗帜下大规模移动"——在书中，理查兹以高度敏感的触觉再现了旧日时光。

理查兹传达了他孩子气的惊讶：滚石乐队发现他们的梦想——成为他们热爱的美国音乐的传教士——突然让位于他们在流行乐坛的名望，他们在伦敦廉租公寓勉强糊口的生活（回收派对上偷来的空酒瓶来换取部分生活费）已经一去不复返，取而代之的是完完全全的明星身份，伴随着骚动的青少年、尖叫的姑娘们、药用可卡因和说走就走的出国旅行（让我们开着宾利去摩洛哥吧！）。

但书中最坚持不懈的旋律无关毒品、名望或丑闻。它关乎理查兹继承自祖父的对音乐源源不断的热爱，关乎他对音乐史的独特感受，关乎他对终其一生学习的布鲁斯和 R&B 大师的崇敬之情（"石碑"），关乎他把自身所学传递给下一代的决心。

这本激动人心的回忆录的诸多成就之一是，理查兹找到了一种向读者传送自己音乐热情的方式，并让我们感受到将一代又一代音乐人紧紧联系在一起的纽带。在这个过程中，他甚至表达了和伙伴们同台表演的神奇体验，无论是在小俱乐部还是在大体育馆。理查兹写道："某个时刻，你觉得自己像是暂时离开了地球，没人能够得到你。""你在上升，因为台下的一群人都想和你做一样的事。这时，你就像长出了翅膀。"他说，你是在"无证飞行"。

《毕加索传》

《毕加索传：1881—1906（卷一）》（1991）

《毕加索传：1907—1916（卷二）》（1996）

《毕加索传：1917—1932（卷三）》（2007）

约翰·理查德森　著

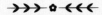

　　谈及自己不拘一格、千变万化的风格时，巴勃罗·毕加索对情人弗朗索瓦丝·吉洛特说道："当然，如果你注意到他作品中模特的不同身形、尺码和肤色，你就能理解他的困惑。他不知道他想要什么。无怪乎他的风格如此模糊，就像上帝的风格。上帝其实也是艺术家，是他发明了长颈鹿、大象和猫。他根本没有固定的风格，只是不停地尝试新事物，跟雕刻家一模一样。他最初摹拟自然，然后搞抽象创作，最终却躺在那儿抚摸模特。"

　　当然，就像他特意使用第三人称一样，他用上帝来自比也是有意为之。正如艺术史学家兼策展人约翰·理查德森在其权威的多卷传记中提醒我们的那样，毕加索不仅是个浪子般的艺术天才，也是自我神化的米诺陶①，他相信自己能用勇气和才能重新定义宇宙。他是一个尼采式的萨满②，认为艺术是一种神秘的魔力，既能驱魔也能易容；他是一条在立体主义与古典主义、讽刺与感伤、残酷与温柔之间游移自如的变色龙；他是一个诡计多端、嗜食同类的巫师，肆意纵情地吸入历史、思想和各种各样的风格，最终打破传统，使世界焕然一新。

理查德森是毕加索在法国南部的朋友和邻居。在第一卷中，理查德森详细描述了这位艺术家的家庭和他早熟的童年，并权威地剥去层层清漆一般附着在毕加索身上的神话、传闻和猜测。

第二卷以立体主义为中心。立体主义运动由毕加索和乔治·布拉克③共同创立。在理查德森看来，它滋养了毕加索后来的成就，也推动了后续"每个重要的现代主义运动"。理查德森记载了立体主义的起源和演变，巧妙解释了立体主义是如何通过现实的碎裂和多视角处理，产生一种同时拥有具象风格和反自然主义特点的艺术，一种对赏心悦目、光影婆娑的印象派的质朴反抗。他认为，立体主义的第一阶段使其实践者能够像外科医生一样拆分事物，这使风格派、构成主义和极简主义

---

① 即牛头怪，希腊神话中的形象，为克里特之王米诺斯之妻帕西法厄与一头牛乱伦之后的产物。毕加索常常化身成牛头怪出现在绘画作品里。

② 被称为神与人之间的中介者，通过舞蹈、击鼓、歌唱等仪式达到迷幻状态，完成与神灵的交流。

③ 法国立体主义绘画大师，是最早将字母糅合进绘画、将颜料与沙子混合作画以及使用拼贴画法的画家。

的后期成就成为可能。他写道，立体主义的第二阶段使效仿者能够重组事物，并为达达主义艺术家、超现实主义艺术家，甚至波普艺术家奠定了基础。

理查德森于 2019 年去世，享年 95 岁。彼时，他尚未完成第四卷，即毕加索一生的最后阶段，但第三卷带我们领略了这位艺术家职业生涯中期的游历之旅。理查德森介绍了毕加索与马蒂斯持续多年的竞争性对话，并描述了 20 世纪前几十年里令艺术世界分崩离析的无数内部口角和分裂。

即便毕加索不是你最爱的艺术家，你也不可能不被这个问题所吸引——他大胆炫目、风格强烈的作品是如何革新了现代艺术，又如何改变了绘画和视觉语言。关于这一点，没有人能比理查德森的解释更权威、更挥洒自如了。在这套传记中，理查德森对于毕加索的作品可谓如数家珍——从他对这位大艺术家的性情和灵感来源的深刻见解，到他对毕加索将自身经历和情感转化为艺术的魔法的领悟。理查德森对每幅作品都做了精辟透彻的评论，描绘了毕加索职业生涯中更大的动态，让我们得以深入欣赏毕加索普罗米修斯式的野心和丰硕的艺术成果，以及准确理解他热烈而颠覆性的作品留给我们的文化遗产。

毕加索曾认为，他的作品就像他的生活日记。在这本传记中，理查德森专业地翻译了这本日记，向我们展示了这位大艺术家的住所和周围环境如何出现在他的作品里，他对其他画家作品基于竞争目的的研究学习如何影响了他特定的几幅油画和素描，他一生中对女人的感情——激情、愤怒、怨怼——如何一一体现在他的意象中，从鸽子到弦乐器，再到扭曲可怖的生物形态。

就像奥维德的诗一样，"变形"的想法成了混乱无序、难以预测的世界本性的隐喻。通过剧变和变形的方式，毕加索得以利用他贪婪的视觉记忆和消化力，兼收并蓄其他艺术家的作品，理查德森还认为，以毕加索神奇和好胜的艺术观点看来，他通过重塑这些作品的风格和形象，以某种方式战胜它们，来显示他能掌控它们，掌控过去，并引导着历史向全新的现代主义方向前进。

"我是上帝，"毕加索曾对一位西班牙朋友说，"我是上帝。我就是上帝。"

关于工作和职业的书籍

《疯狂：关于生活和喜剧的对话》（2015）

贾德·阿帕图　著

《疯狂到位：高风险情境下团队如何协作与创新》（2016）

亚当·施特尔茨（与威廉·帕特里克合著）

《放牧人生：湖区故事》（2015）

詹姆斯·里班克斯　著

《医生的抉择：关于生死、疾病与医疗，你必须知道的真相》
（2014）

亨利·马什　著

>>>> ◊ <<<<

一个人身上的专业技能令人着迷——无论是斯蒂芬·库里 [1] 在球场每个位置都能投出一个接一个的关键三分球，还是

---

[1] 美国职业篮球运动员。

艾瑞莎·富兰克林①在她唱的每一首经典歌曲中都倾注了自己的神秘和魔力，抑或是米凯亚·巴瑞辛尼科夫②用非凡的能力结合运动和艺术，再创了舞蹈的可能性。

我们想了解人们是如何实践和磨炼自身技艺的——他们给自己从事的职业带来知识、技术和技能。正如斯塔兹·特克尔多年前的著作《美国人谈美国》③中提醒我们的那样，工作消耗了我们每一天的大量时间，而对于那些幸运儿来说，他们找到了一份有意义的工作，为他们打开了一扇展示世界的窗户。

在以下几本书中，作者们极具说服力地描述了各自的职业，让我们得以了解他们技艺背后的知识——可以说是带我们见识了一座冰山的水下部分——以及日常惯例和固定程序，展现了他们在熟练掌握之前经历的多年实践和学徒期，并最终如何得心应手，游刃有余。

>>>> ◇ <<<<

从记事起，贾德·阿帕图就是个喜剧狂。从小到大，他

---

① 美国流行音乐歌手，有着"灵魂歌后"或"灵魂乐第一夫人"的称号。
② 1948 年 1 月 28 日出生于拉脱维亚首都里加，芭蕾舞蹈家、编剧、制片。
③ 本中文译名采用 1995 年中国对外翻译出版公司出版版本，原作名为 *Working: People Talk About What They Do All Day and How They Feel About What They Do*，作者斯塔兹·特克尔（Studs Terkel, 1912—2008），美国作家，普利策奖得主。

都会在《电视指南》里把喜剧演员的名字圈起来，这样他就不会错过他们在脱口秀上的每一次露面。五年级时，他写了一篇长达30页的关于马克斯兄弟[①]的生活和事业的报告——甚至不是为了交课堂作业，而是出于"私人用途"。十年级时，他开始代表高中学校广播站采访喜剧演员，比如杰瑞·宋飞、约翰·坎迪、哈罗德·拉米斯、杰伊·雷诺。当然，从那时起，阿帕图自己也逐渐成了喜剧传奇，他是《怪胎与书呆》和《都市女孩》的执行制片人，也是《四十岁老处男》《一夜肚大》《滑稽人物》《四十而惑》《史泰登岛国王》等热门电影的编剧和导演。他还在继续采访喜剧表演艺术家——现在都已是他的老朋友和老同事了。在《疯狂》一书中，贾德·阿帕图收录了这些采访：这是一本精彩的喜剧口述史，也是对喜剧艺术的展示，访谈对象包括梅尔·布鲁克斯、迈克·尼科尔斯、史蒂夫·马丁、克里斯·洛克、乔恩·斯图尔特、艾米·舒默、史蒂芬·科尔伯特和莎拉·西尔弗曼等人。

阿帕图是一个绝佳采访人，他的受访者们在他面前的表现远比在许多记者面前更坦率自然。在早期访谈中，年轻的阿帕图就像一个对他们的作品了如指掌的粉丝，受访者们也给予了他关于写作和表演的具体实用的建议，以及找到自己表达方式和建立自我欣赏所必需的耐心和自我认识。后期的采访其实

---

① 马克斯兄弟（Marx Brothers），美国早期喜剧演员。

是和朋友以及艺术同行之间的对话，他们常以惊人的坦诚和智慧谈论一切，从最初迫使他们投身喜剧的童年创伤，到他们在纸面上、舞台上、荧幕上创造的角色和现实中自我之间的关系。

盖瑞·山德林（阿帕图 2018 年获得艾美奖的纪录片《盖瑞·山德林的禅意日记》以及 2019 年出版的《这是盖瑞·山德林的书》的主人公）曾聘请阿帕图为"拉里·桑德斯秀"的编剧，他对年轻的阿帕图说，讲故事的关键是"尝试触及每个角色的情感核心"，以及"喜剧是关于真相和展现自我"。

正如山德林所言，"喜剧演员力所能及的首要任务就是发自内心去创作。这句话听上去很老套，很多喜剧演员一开始都认为，他们就得写一些滑稽好玩的东西。这样是不对的。你必须取材自个人经历"。

阿帕图和他的众多同事详细讲述了他们从喜剧主角身上学到的东西。事实上，一种互助友爱的气氛贯穿了全书，这是一种艺术家将经验、教训和灵感代代相传的感觉。阿帕图写道："我这一生都想结识志同道合的好友，我能和他们谈论巨蟒剧团①和喜剧《第二城市电视台》②，他们背得出喜剧专辑

① 英国六人喜剧团体，被视为喜剧界的披头士。
② SCTV，全称 *Second City TV*，是一部上映于 1976 年的美国喜剧。

《让我们变小》①里的每一句台词，知道乔治·卡林最初的喜剧搭档是谁（杰克·伯恩斯）。这种爱好无人分享可太寂寞了。"在本书众多访谈对象中，他找到了这样的朋友，并通过这本书把他所谓"喜剧人部落"的荣誉会员身份传递给了读者。

2012 年 8 月 6 日，"好奇号"火星探测器成功登陆火星，开启了太空探索的新纪元，也标志着人类智慧战胜了重重困难。这个耗资 25 亿美元的计划几乎是零误差率——而对于一项需要 7000 多名科学家和工程师的共同努力，以及基于大约 50 万行计算机代码的艰巨任务来说，任何一个环节都有可能出差错。

2011 年 11 月 26 日，"好奇号"被阿特拉斯 -5 型运载火箭送入太空。在八个月的时间里，它在太空中飞行了大约 3.54 亿英里，以每小时 13200 英里的速度急速坠入火星大气层。为了让探测器在选定的降落区域安全着陆，进入、下降和着陆的整个过程都必须完美无缺。这一过程还包括火箭减速装置：一个巨大的降落伞和一个"天空起重机"——它使用尼龙绳将"好

---

① 由史蒂芬·葛伦·马丁（Stephen Glenn Martin）于 1978 年创作的喜剧专辑，曾获得格莱美最佳喜剧专辑奖。

奇号"缓慢下降到火星表面，然后让它的轮子直接着陆。

在《疯狂到位》一书中，NASA 团队"好奇号"着陆工作的负责人、工程师亚当·施特尔茨讲述了完成这一非凡壮举的过程，让我们得以了解团队成员拥有的技术知识和即时技能。他介绍了该项目所涉及的确切数据、直觉和全天候工作，以及工程师们如何尝试将看似无法解决的问题分解成更小、更易处理的问题，以便他们"绞尽脑汁"终能解决。

除了要和时间赛跑——这是由"天体力学"（也就是说，地球和火星在天空中的运动）决定的——施特尔茨的团队还面临着为汽车大小的"好奇号"发明着陆系统的挑战，"好奇号"浑身都是易碎的科学装置，对于早期的探测器任务中使用的气囊茧来说，它实在太重了。

令人欣喜的是，着陆过程按计划顺利进行。近八年来，这个小火星车一直在这颗红色星球的表面辛勤工作，寻找这颗星球曾经可能存在生命的证据，它还向地球发送大量数据和照片，偶尔还会发推特。在安全着陆火星一周年之际，这个孤独的小火星车在离地球数亿英里远的火星上给自己唱了首"生日快乐"歌。

在令人神往的作品《放牧人生》中，詹姆斯·里班克斯向我们介绍了他家世代相传的一个位于英格兰湖区的小牧羊场。这是一个在日新月异的时代里坚守传统和根源的故事；是对一个转瞬即逝的年代的归属。他描绘了牧场生活的四季节奏：夏天剪羊毛；冬天储存干草；秋天要把羊从高地上赶下来；春天要为产羊羔做准备。他描述了农场生活中那些累人的、重复性的工作——修补墙垣、劈柴、在田地间驱赶羊群。他传达了他的家人和邻居们对土地的一种亲密感："我们看见上千种深浅不一的绿色，就像因纽特人看到不同的雪。"

里班克斯对自己工作的热爱是贯穿全书的亮点——"如果我只能在这个世界再活几天，"他写道，"我会花一天时间来检验赫德威克公羊。"他知道他家人的生命"交织着某些共同关心的实物，它比世界上任何东西都令我们牵挂，那就是牧场"[1]。

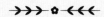

在《医生的抉择》一书中，英国最著名的神经外科医生之一亨利·马什令读者对他的职业产生了格外亲近、同情，甚至骇人的理解——他把自己的职业比作拆弹工作，"但他们所

---

① 尹楠译:《放牧人生：湖区故事》，桂林：广西师范大学出版社，2018 年。

需要的勇气和后者属于不同类型，因为是患者的生命受到威胁，而非医生。"

外科医生在大脑深处追踪"猎物"时，有一种"追捕"的快感。然后是高潮部分，"医生抓到了动脉瘤并将它困住，用一个闪闪发亮、带有弹簧的钛金夹子把它夹除，从而挽救患者的生命。"马什继续说，"此外，手术会影响大脑。众所周知，大脑很神秘，它承载了人类全部的思想感情，对人类生活至关重要。在我看来，大脑的神秘程度可与夜晚的星空和宇宙相比肩。手术的过程优雅、精致、危险，又充满了深邃的内涵。"①

马什回忆说，年轻时，他曾在一次成功的手术后感受到一阵"强烈的振奋"。他说，在成功避免灾难发生、安全地交接病人之后，他感觉"就像一个打了胜仗的将军"："这种透彻心扉的感觉，我想除了外科医生之外，几乎没有人体会过。"但是，尽管他挽救了许多病人的生命，他仍然对那些失败的案例念念不忘——"法国外科医生莱利彻曾说过，每一名医生心中都有一块墓地。"

马什提到了外科医生必须做出的复杂的风险计算，权衡手术的利弊和可能的风险——能将病人从缓慢恶化或持续疼痛

① 龚振林，迟墨涵译：《医生的抉择：关于生死、疾病与医疗，你必须知道的真相》，长沙：湖南科学技术出版社，2017年。

中拯救出来，还是会使他们病情恶化。他提到了"手术怯场"，他不喜欢在手术的当天早晨和患者交流，但他一旦进入手术室，那些焦虑就会马上被"高度的专注与兴奋"代替。

尽管马什多次谈到医生必须学会超然冷漠，但全书印证了他是多么在意自己的患者。在他的叙述中，很多最困难的时刻并不是发生在手术室里，而是在手术前后的谈话中。在谈话中，马什力图平衡现实情况（他很清楚"他们正被死神紧紧尾随"）和病人的迫切希望，"在无边黑暗中的脆弱光束"。

《管家》

（1980）

玛丽莲·罗宾逊 著

　　玛丽莲·罗宾逊动人的处女作《管家》讲述了一个关于亲情、失落和人生无常的故事，令人难以释怀。同时，这部小说围绕着美国文学的焦点问题展开——从马克·吐温到杰克·凯鲁亚克、约翰·厄普代克和山姆·夏普德①——寻根与失根、家庭生活与自由、家的安全感与旅途中的兴奋。

　　《管家》一书的叙述者名叫露丝，她正在回顾自己在指骨镇上度过的少女时代——这个人物很像《杀死一只知更鸟》里的斯库特。露丝的母亲海伦把她和妹妹送到外祖母家，然后开着朋友的福特车冲下悬崖，坠入了爱达荷州偏僻的湖底。彼时，姐妹俩尚且年幼。正是同一个湖，几年前刚夺去了她们父亲和很多人的生命，当时他们乘坐的火车车头不明原因地从当地的桥上滑落，把其余的车厢拖进了湖水里。

　　之后的五年里，外祖母把露丝和妹妹露西尔照料得很好，

---

① 美国演员、编剧、导演。主要作品有《太空英雄》。

但外祖母去世后，她们就被移交给了其他亲戚，亲戚们并不想抚养两个孤儿，他们不知用什么方法说服了神秘的姨妈西尔维搬回指骨镇。

我们了解到，西尔维多年来一直是一个漂泊者，从一个城镇搬到另一个城镇，而且她显然是个怪人——她和20世纪50年代指骨镇体面的中产阶级不一样，她对日常活动和平凡家务不感兴趣。西尔维不吃正餐，只吃全麦饼干和麦片，屋里的旧报纸堆得到处都是，喜欢独自坐在黑暗中。西尔维"就像船舱里的美人鱼"，露丝回忆说："比起把水挡在外面，她更喜欢让船干脆沉入水中。我们的食品储藏室里有蟋蟀，屋檐上有松鼠，阁楼里有麻雀。"

姐妹俩最初担心西尔维会像她们的母亲一样抛弃她们，但渐渐地，妹妹露西尔也开始讨厌西尔维特立独行的生活方式，她说她想和其他人一样过正常人的生活。当左邻右舍和指骨镇当局开始质疑西尔维的育儿和家务技能时，西尔维和姐姐露丝想出了一个计划，能让她们像一家人一样待在一起。像哈克贝利·费恩一样，她们受够了当"文明人"，她们想"马上离开这片土地"，然后上路。

罗宾逊还曾写过研究爱默生和先验主义者的文章，从某种程度上说，《管家》是对爱默生在《论自立》中探讨的中心思想的戏剧化改编。爱默生在这篇著名的随笔中提出，个人应该努力争取独立，摒弃循规蹈矩，抛开他人的期望，将孤独作为一种了解自我的途径。然而，《管家》一书丝毫没有说教意味。它既是一卷描绘破碎家庭的温和动人的画卷，又是一首抒情的散文诗；既有古钢琴独奏一般灵性通透的音色，又有蓝草①民谣一般孤独高亢的旋律。

---

① 20 世纪 40 年代起源于美国肯塔基州山区的乡村音乐分支。其标准风格就是硬而快的节奏、高而密集的合声，并且强调乐器的作用。

《美国牧歌》

（1997）

菲利普·罗斯 著

多年来一直在纸上复杂化个人生活的菲利普·罗斯在1997年出版的小说《美国牧歌》中，抛开了镜子游戏，转而探讨美国历史的社会、政治和文化复杂性。结果，他的职业生涯中最广阔、最能引发读者共鸣的小说诞生了——《美国牧歌》透过一个家庭的痛苦，审视了从二战到越战期间、从20世纪50年代的自鸣得意到60至80年代的混乱困惑的几十年里，美国到底发生了什么。

在1961年（1961年！）的一篇文章中，罗斯认为，美国人的生活变得如此怪异和超现实，以至于它不再是小说家可以驾驭的主题，新闻头条的真实事件已经超越了小说家的想象，驱使像他这样的作家放弃"我们这个时代更宏大的社会和政治现象"，转而关注更可知的自我世界。

《美国牧歌》的横空出世以惊人的气魄冲破了这一限制。它探索个人与政治之间的交集，将困扰罗斯笔下众多角色的"代际斗争"变成了一个关于美国历史上两种相互矛盾的推动力的寓言：第一个是他的主人公西摩·勒沃夫（昵称"瑞典佬"），他代表了爱默生式自立的乐观主义风格，其基础是努力工作和进步的信念；第二个则以瑞典佬叛逆的女儿梅丽为代表，她象征了美国个人主义的阴暗面，罗斯称之为"土生土长的美国疯狂"的"愤怒、暴力和绝望"。

在罗斯早期的小说中（如《波特诺伊的怨诉》），谨慎与越界、平庸无奇与酒神精神的碰撞，是令人捧腹的喜剧来源。但在《美国牧歌》中，同样的冲突产生了一种招致悲剧性后果的家庭对决——它成为一种隐喻，象征着 20 世纪 60 年代爆发的美国文化的分裂，从此每况愈下。

作为一个年轻人，西摩似乎是全美最出挑的男孩：认真、健壮、可靠。高中毕业后，他入伍美国海军舰队，在 1949 年娶了新泽西小姐为妻，并接管了他父亲的手套厂生意。然而在反越战抗议运动的高潮中，他的女儿梅丽引爆了一枚炸弹，在一个小镇邮局炸死了一名男子。他的生活也突然被炸得粉碎。

梅丽是如何几乎在一夜之间从一个热爱天文学和奥黛丽·赫本的女孩变成一个暴力的左翼激进分子的？像她父亲一样，读者努力去理解她的生活，努力去解释为什么被享有特权的父母视为掌上明珠的女儿最终会成为一名逃犯——一个被描述为"混乱本身"的年轻女孩。这是罗斯在这部震撼人心的小说中提出的观点之一：事件是不合理的，生活是不连贯的，历史会时不时抛来一个弧线球，击中美国梦的陈规旧矩，使它们四分五裂。

"哈利·波特"系列作品

《哈利·波特与魔法石》（1997）

《哈利·波特与密室》（1998）

《哈利·波特与阿兹卡班的囚徒》（1999）

《哈利·波特与火焰杯》（2000）

《哈利·波特与凤凰社》（2003）

《哈利·波特与混血王子》（2005）

《哈利·波特与死亡圣器》（2007）

J.K. 罗琳 著

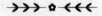

　　罗琳用十年的时间写了七部"哈利·波特"小说，创造了一个天衣无缝、充满想象的虚构世界，就像奥兹国①、纳尼亚王国或中土世界一样，这个世界有着独一无二的规则、传统和历史。虽然罗琳将哈利的故事置于平凡的麻瓜世界背景下，哈利在那个世界里经历了每个普通青少年都会遇到的挫折和挑战，但是她用无穷无尽、别出心裁的想象力构建了一个魔法王国。在这里，猫头鹰会送信，画作会自己说话，邪恶的伏地魔

---

① 童话《绿野仙踪》中的神奇国度。

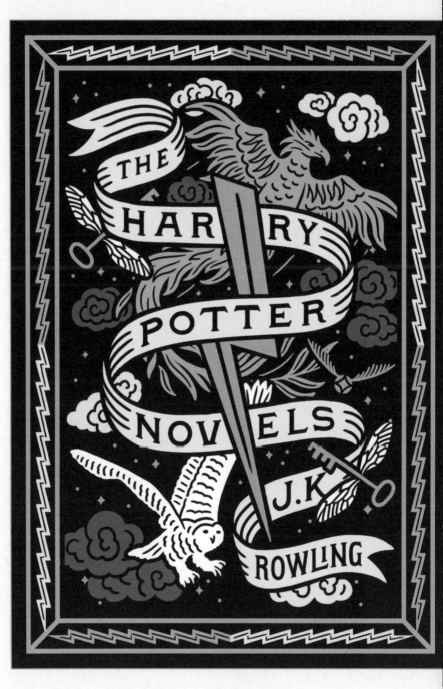

的回归威胁着自由世界的未来。

小说一部部逐渐变得越来越黑暗，直至哈利准备与伏地魔终极对决。魁地奇比赛让位于黑魔法防御术训练，魔法课曾经是霍格沃茨的课程，现在却成了一种战争武器。随着哈利成为抵抗伏地魔的领袖，他肩上的责任越来越重。在该系列的最后一部中，他比哈尔王子①更像亨利五世，比年幼的华特②更像亚瑟王。

罗琳在采用倒叙手法使时光倒流的同时，又通过设置一系列挑战和考验，让哈利的故事不断向前推进。事实上，哈利日益增长的情感智慧植根于他对过去的理解，包括他自己的家庭、霍格沃茨和古老的魔法世界。

早已沦为孤儿的哈利又接连失去了他视为父亲的邓布利多和小天狼星，和伏地魔之间奇怪的心灵感应一直困扰着他。他必须进入一片黑暗森林，在那里他不仅要与伏地魔战斗，而且还要抵抗狂妄的诱惑和绝望的打击。

"哈利·波特"系列小说深深植根于传统文学和大荧幕史诗巨作——从古希腊和挪威神话到托尔金、C.S. 刘易斯以及《星球大战》；从荷马的《伊利亚特》、弥尔顿的《失乐园》到 T.H. 怀特的《永恒之王》以及《蜘蛛侠》的漫画和电影。然而，罗琳将她对古典文学的热爱化成了一部史诗，它轻

---

① 出自莎士比亚戏剧《亨利四世》。他是亨利四世的儿子，即后来的亨利五世。

② 即年幼时期的亚瑟王。

松地超越了众多前作，也跨越了传统题材——成长小说、侦探小说、家族史诗以及主角们拯救濒临灭绝的家园的民间故事。在此过程中，她创作的一系列作品不仅吸引了儿童和成人，还凸显了少年小说和奇幻题材的文化力量，把千禧一代变成了一代热心的读者，并改变了影迷群体的动态。她的作品组成了一部文学史上的终极成长小说，反映出我们身处的尘世猛然陷入21 世纪的动荡。

萨尔曼·拉什迪作品

《午夜之子》（1981）

《摩尔人的最后叹息》（1995）

>>>◇<<<

萨尔曼·拉什迪出版于1981年的小说《午夜之子》，以及于1995年问世的收尾之作《摩尔人的最后叹息》都是有关印度独立以来印度历史的超现实寓言——印度的灿烂前景随着总理英迪拉·甘地1975年实施的紧急应对措施而逐渐破灭，早期的多元主义梦想被宗派暴力和政治腐败所取代。

这些小说展现了拉什迪身为作家的天赋，也推动了他最具影响力的小说中野心十足的主题：在描绘印度次大陆历史的过程中展开的源源不断、独出心裁的想象力；时而夸张，时而市井，时而滑稽，时而哀伤的热情奔放的语言；以及对历史变迁所带来的文化和心理上的放逐感发自内心的理解。

在《午夜之子》中，印度的命运体现在印度独立后第一个小时内出生的一千零一个孩子的生命上（那一刻，"钟的长针短针都重叠在一起，像是祝贺我的降生"[1]），他们的命运将与国家的命运"紧紧纠缠在一起"。这些孩子都拥有神奇的特

---

[1] 刘凯芳译：《午夜之子》，北京：北京燕山出版社，2015年。

异功能——有的能穿越时间，有的能预见未来——但他们最终都会耗尽希望。

本书的叙述者萨里姆拥有通灵术，据称他出生在一个富有的穆斯林家庭，但他后来得知，甫一出生，一名护士就把他和湿婆①调了包，湿婆现在是一个穷困潦倒的印度街头歌手的儿子。萨里姆和湿婆会成为宿敌，他们激烈的对抗将逐渐瓦解其他"午夜之子"的希望。

在《摩尔人的最后叹息》中，次大陆的命运同样体现在庞大的达·伽马－佐格意比家族的起起落落中，更具体地说，体现在该家族最后幸存的成员赖莫斯·佐格意比，绰号"摩尔人"的历险中。

"摩尔人"是一个私生子，他患有一种罕见的遗传病，导致他生长的速度是常人的两倍。他成了印度困境的象征人物——一个国家被迫过快成长的困境，"没有时间进行合理规划"，没有时间吸取经验教训，"没有时间反思"。

事实上，"摩尔人"的整个家族因嫉妒、背叛和可怕的复仇行动而四分五裂。在房产和家族企业的分割判决生效之前，他母亲家族的两方势力相互争斗了多年；另一次家庭僵局发生在两位兄弟之间，一位是坚定的民族主义者，一位则亲英，两人反目成仇。"摩尔人"的天主教母亲和犹太教父亲之间的爱情几乎以罗密欧－朱丽叶式的悲惨结局而告终。他的曾祖母

---

① 印度教三大主神之一，毁灭之神。

死的时候，口中还诅咒着："愿你的家庭永远被分割，愿它的地基化为尘土，愿你的儿女起来反抗你，愿你的垮台无比惨烈。"①

"摩尔人"会在有生之年看到这个诅咒成真：他不得不在霸道的母亲实现多元化印度的梦想和狂热的女友对宗教专制主义的愿景之间做出选择，不得不在他父亲的暴力、金钱的世界与自己的文字和艺术世界之间做出选择。在本书结尾，经历了一连串谋杀、争斗、谴责、阴谋和灾难之后，一如满目疮痍的孟买，达·伽马–佐格意比家族已彻底崩溃，独留"摩尔人"在失势和流放之后讲述这个故事。

《午夜之子》和《摩尔人的最后叹息》的讲述者都是现代的山鲁佐德②，他们和作者一样，对于讲故事心怀热爱和敬畏，将历史和自己的现实生活融入神话传说。在 2012 年出版的回忆录《约瑟夫·安东》中，拉什迪写到有幸成为讲述"美丽、古老的艺术"的实践者的感受，描述了当"世界将每个人往反方向推，推向狭隘、偏执、部落主义、邪教和战争"之时，文学如何激发"对自我厌恶者的理解、同情和接受"。

① 陆大鹏译：《摩尔人的最后叹息》，北京：北京燕山出版社，2017 年。
② 阿拉伯民间故事集《天方夜谭》（又名《一千零一夜》）里宰相的女儿，用讲述故事的方法吸引国王。

奥利弗·萨克斯作品

《错把妻子当帽子》（1985）

《火星上的人类学家》（1995）

>>>>◇<<<<

　　奥利弗·萨克斯拥有的品质使他成为一名完美的医生，同样的天赋也将他塑造成一名出色的作家：深切的同情心、敏锐的观察力和对人类心灵奥秘的直观认识。在诸如《错把妻子当帽子》和《火星上的人类学家》等书中，他赞颂了生命的对称性以及在科学和艺术、自然界之美和人类想象力的魅力之间奇异美妙的互联性。

　　在这些书中，他对于病人的描写是如此出人意料而又引人共鸣，读起来就像博尔赫斯或卡尔维诺笔下的故事。皮博士是一名音乐教师，他发现自己的视觉能力和感知能力严重受损，以至于他把妻子的脑袋当成帽子，而玫瑰花在他眼中只是"一团红色的螺旋形状，系着一条绿色的线状物"。约翰和迈克尔则是一对双胞胎，生活在一个完全由数字构成的精神世界中：尽管他们连最普通的日常小事都无法自理，但他们可以立即记住300位数字，并且毫无间断地快速背出20位数中的质数。其中一个人物让人想到博尔赫斯的《博闻强记的富内斯》，他无法忘怀自己在一个意大利小村庄里度过的少年时期，似乎无法再思考其他任何事情。另一个人拥有的记忆则停留在 20 世纪 60 年代，他由此被囚禁在一个由早期摇滚乐定义的时间胶囊里。

萨克斯笔下的这些人物并非因疾病而身心严重受损的病人，而是如契诃夫或威廉·特雷弗[①]笔下的人物一样，是遭遇道德、精神以及心理困境的生命个体。他关心神经失调对他们的人际关系、日常生活以及想象图景的影响。他的案例研究变成了文学故事，突显的不是病人经历的边缘性，而是他们在面对意外和灾难时共同的努力。他的作品记录了这些人付出的代价和常年经受的精神孤寂，同时也强调了他们的适应能力以及坚持身份认同感和能动性的能力。

一些人甚至发现，他们的精神状况能促使他们取得惊人的创造性成就。一个低智商的年轻女子学会了用 30 多种语言唱咏叹调；另一个女人发现，在她 90 岁左右时，她的脑海里神奇地回荡着年轻时听过的歌曲，一股自然涌现的怀旧之情让她想起了遗忘已久的童年时光。

萨克斯通过讲述这些患者的故事，阐释了人类心智的复杂性，同时也主张开创一种更为人道的新型医学，可以将人的生理、心理状态与人的想象和心灵状态相结合。在书中，他引

---

① 爱尔兰当代短篇小说大师，素有"爱尔兰的契诃夫"之称，代表作短篇集《出轨》。

用了自己评价杰出医学作家 A.R. 卢里亚作品的话："科学成为了诗歌，人类彻底迷失的怜悯心也因此被激发。"

《野兽国》

(1963)

莫里斯·桑达克 著 / 绘

莫里斯·桑达克曾在一次采访中说:"孩子们如何从童年中幸存,是令我痴迷的主题,也是我终生的事业。"他的作品如《在那遥远的地方》《午夜厨房》和经久不衰的代表作《野兽国》都证明了桑达克对孩子们的理解:他们"个子小小却勇敢无畏,他们每天都要像我们一样处理大量的问题";他们"对大多数事情都没有准备,他们最渴望的是能从某个地方得到一点真理"。

他的作品以罕见的创造力、真诚和幽默呈现了这些真理,既抓住了童年的欢愉,也抓住了儿童面对奇迹时无拘无束的能力及它的阴暗面——对被遗弃或失去的恐惧以及在一个难以掌控和理解的混乱世界里的脆弱。与此同时,他捕捉到了孩子们的韧性——他们非凡的智慧、勇气和塑造自己命运的能力。

麦克斯的故事——一个穿着白狼套装的爱恶作剧的男孩前往野兽居住的地方——体现了桑达克永恒的主题。书中迷人的、如今成为标志性的绘画描绘了孩子们驾轻就熟地穿越现实和幻想的能力。故事讲述了一个小男孩——他因为装扮成野兽胡闹，被妈妈关到了房间里，罚他不准吃晚饭——用幻想来面对和控制愤怒、沮丧的可怕情绪。他召唤出一只小船载着他昼夜不停地到达了"野兽出没的地方"，野兽们龇牙咧嘴地咆哮着。麦克斯用权力和天分驯服了这些野兽和他自己的坏情绪，野兽们推举他为"最野最野的野兽"。

作为野兽们的新国王，麦克斯宣布："现在，野兽狂欢开始！"桑达克使用连续三页绚丽多彩的跨页画面，为我们展现了随后庆祝活动的奇异场景——画面动感十足，生气勃勃，当麦克斯和野兽们在苍白的月光下跳跃嬉戏时，我们几乎可以透过画面听到音乐声。然后麦克斯就把这些野兽打发上床——就像他妈妈没给他吃晚饭就把他打发上床一样。他感到很孤独，就踏上了回家的路，乘船穿越这个世界回到他的卧室，"他发现晚餐正在等着他"——"而且它还是热的"。

麦克斯发挥自己的想象力，既释放了自我，又驯服了内心的情绪，它呼应了桑达克自己的发现——当桑达克还是一个时常卧病在床的小男孩时，他已经意识到想象力是一种天赋，能使他把自身的恐惧转变为不可磨灭的美丽艺术。

苏 斯 博 士 的 作 品

《霍顿听见了呼呼的声音》（1954）

《戴高帽子的猫》（1957）

《冒牌儿圣诞老人鬼机灵》（1957）

《绿鸡蛋和火腿》（1960）

《绒毛树》（1971）

《哦！你将要去的地方》（1990）

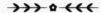

什么是你翻开的第一本书？

是它教你学会了阅读。

教你爱上一页页的文字，

让阅读成为你生活必需的支柱。

对我来说，它是苏斯博士——

他能写擅画，风格统一，

他创作的动物真实又滑稽，

让我们一边读一边笑嘻嘻。

在苏斯乐园我们有幸遇见，

长羽毛的、长绒毛的和长皮毛的精灵。

动物们把帽子、手套和袜子穿戴齐整，

它们似乎总是匆匆不停。

在一本又一本书里，它们叽叽喳喳，

它们哇哩哇啦，还有嗡嗡鱼在轻哼。

他的精灵们毛茸茸、光灿灿、软乎乎。

无论发生什么，它们都能持之以恒。

我们受够了老掉牙的"迪克和简"[1]，

烦透了他们的笨狗"斑点"。

是苏斯博士让阅读变得有趣，

那些谁也教不了的意趣，他给我们展现。

没错，没错，这再真实不过：

伟大的博士把一切变得有趣奇妙！

这个世界里有格林奇[2]和史尼奇[3]，

那里的天气时而晴朗时而糟糕。

---

[1]《迪克和简》，20世纪50年代流行的美国经典儿童书籍。

[2]《冒牌儿圣诞老人鬼机灵》讲述了绿毛怪格林奇讨厌圣诞节并且尝试偷走有关圣诞节的一切，从而让整个镇的居民也过不了圣诞节的故事。

[3]《史尼奇及其他故事》中的生物。

苏斯能够让语言跳舞，

用一种非常美国式的酷。

他变出了像桑树街①这样的老地方，

还有努尔丛林这样的新去处。

书里有努克，赞丝，高科斯，赢②，

有只猫咪戴着高帽子，有只狐狸穿着蓝袜子，

有守护森林的老雷斯，

还有东西甲和东西乙，它们住的是一个盒子。

从他脑袋里蹦出来的世界中，

他捕捉到了"疯狂的鼓噪"。

他的笔里有墨水，脑子里有韵律，

他带我们"超越斑马"，把"z"甩得老远已经看不到。

什么是你翻开的第一本书？

是它教你学会了阅读。

教你爱上一页页的文字，

我们大多数人都会说是苏斯的书！

---

① 出自《桑树街漫游记》，是苏斯博士创作于 1937 年的第一部绘本作品。

② 努克（Nook），赞丝（Zans），高科斯（Gox）和赢（Ying）都是《一条鱼，两条鱼，红色的鱼，蓝色的鱼》中的生物。

威廉·莎士比亚戏剧

在去世四个世纪后，莎士比亚仍然是当世无双的作家——他的作品跨越了不同的文化背景，以不同的语言在世界各地被演绎着。他塑造了作家和思想家们的写作风格和想象力，从陀思妥耶夫斯基和麦尔维尔，到林肯总统和奥巴马总统，再到克尔凯郭尔、尼采、弗洛伊德、波德莱尔、布莱希特和贝克特。莎士比亚已成为我们吸入的文学气息的一部分。好莱坞浪漫喜剧的结构、小说和电视节目中意识流旁白的使用，甚至那些已被收录进常用语言的表达（如"美丽新世界"和"喧哗与骚动"），都可以追溯至莎士比亚。正如简·奥斯丁的《曼斯菲尔德庄园》中的一个人物所说，"一个人无缘无故地"就会熟悉莎士比亚的作品了。

每当我被问到会选择哪本书作为我的"荒岛"书——也就是说，如果我遭遇海难，流落到一个偏远的岛上，我会选择带在身边的书——我的回答总是莎士比亚戏剧：它们的魅力无穷无尽，层层递进又错综复杂，语言简单却如此震撼人心，以至于你可以阅读一遍又一遍，直到救援船到达（哪怕船没来呢）。他的戏剧让我们联想到人类想象力的奇迹，它打破了最

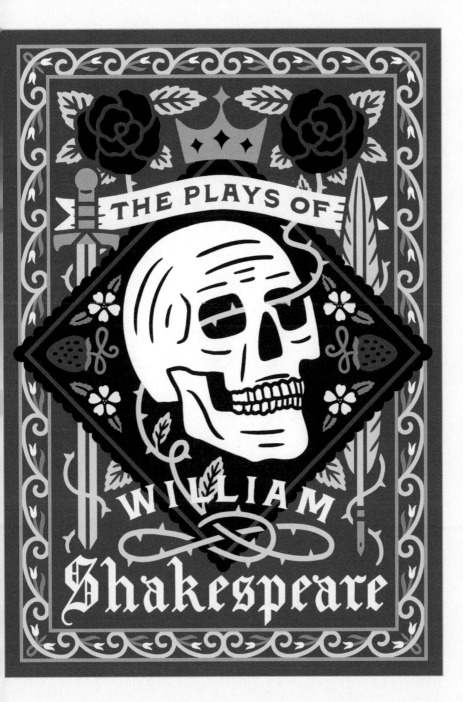

基本的物理定律——从无到有（或几乎从无到有——只有一些老掉牙的情节碎片）创造了新事物，创造了熙熙攘攘、人口众多的世界，如今连全球的小学生都人人皆知。

莎士比亚戏剧定义了人类境况的一些基本面，以至于一代又一代的人都认为他是自己的同代人，通过折射出读者自身的社会、政治和文化关注的棱镜来筛选他的作品。许多王政复辟时期的评论家认为莎士比亚是一个力图解决当时问题的公众戏剧诗人，而浪漫主义者则强调他是一个深谙爱情中的欢愉和失望的作家。近年来，学者们就莎士比亚创作手法的现代性发表了评论——混合和改造各种体裁，融合高雅艺术和大众娱乐，打破舞台的第四堵墙——他创造的具有独立坚定当代精神的女主角，以及专注于自我身份和多重真理问题的戏剧化角色，令观众惊叹不已。

莎士比亚戏剧历久弥新的魅力之一在于，演员们将自身经历注入表演中，不断完善和改造他的戏剧作品。前皇家国家剧院艺术总监和著名的莎士比亚戏剧导演尼古拉斯·希特纳，在2013年的一次演讲中说道，"真正的莎士比亚"是"一个演员，他为其他演员提供了无数种方式来代入他的角色、讲述他的故事"，他的戏剧就像乐谱，"需要表演者将它演绎成音乐"。

对于莎士比亚戏剧中描绘的不断变迁和失落的世界，当代读者也会感到异常熟悉。他的政治戏剧（最著名的有《理查三世》《裘力斯·恺撒》《麦克白》和《科利奥兰纳斯》）敏锐地审视了暴政和政治背叛的动态，在当今这个独裁统治在全球范围抬头、民主日益衰退的时代引起了共鸣。

波兰评论家简·柯特在他1964年颇具影响力的著作《莎士比亚，我们的同代人》中，将他的戏剧视为可以反射出我们这个时代历史的镜子。柯特还审视了莎士比亚与诸如贝克特、尤内斯库和热内等荒诞派戏剧代表之间的密切关系，他主张《哈姆雷特》和《李尔王》等戏剧展现了一种黑暗、强硬且非常现代的世界观，认为世界是一个被暴力和机遇左右的无理之地，一个"说真话的人是小丑"的地方。

伊丽莎白时代正如我们今天的时代，正在努力应对快速发展和全球化带来的令人担忧的后果。多亏了印刷机，人们的识字率得以提高，传统的阶级划分也逐渐消失。探险家们正在打开世界的大门，天文学家们即将迎来打破人们宇宙秩序观念的新发现。

正如柯特所写，那是一个涌现科学创新和"最辉煌的建筑成就"的时代，同时也是一个充斥着宗教战争、有害的政治纷争、足以毁灭城市的瘟疫以及日益增长的犹疑和幻灭的时代。那个时代迫使人们尽力解决"梦想和现实之间、人类潜能和悲惨命运之间的分歧"——在这一方面，那个时代与我们现在身处的时代并没有什么不同。

《弗兰肯斯坦》

（1818）

玛丽·雪莱 著

大卫·H.古斯顿，艾德·芬恩，杰森·斯考特·罗伯特 编

（麻省理工大学出版社，2017年出版）

在出版两个世纪之后，玛丽·雪莱的《弗兰肯斯坦》被公认为科幻小说和现代恐怖小说的基石之一。它激发了当代无数关于科学狂妄和技术失控的故事，比如《侏罗纪公园》和《终结者》系列。它被解读为这样一个寓言：人类试图篡夺上帝的权力或侵占女性生育能力从而导致的种种危险，同时西方帝国主义以及殖民主义和奴隶制也令人类付出了可怕代价。

雪莱18岁开始创作的这部小说巧妙地构造了一系列故事中的故事，它像艾米丽·勃朗特的《呼啸山庄》一样，成为19世纪英国文学中最具创新性的作品之一。

正如传记作家所指出的，实际上，《弗兰肯斯坦》的主题深深植根于玛丽·雪莱自己的生活经历，从她身为玛丽·沃

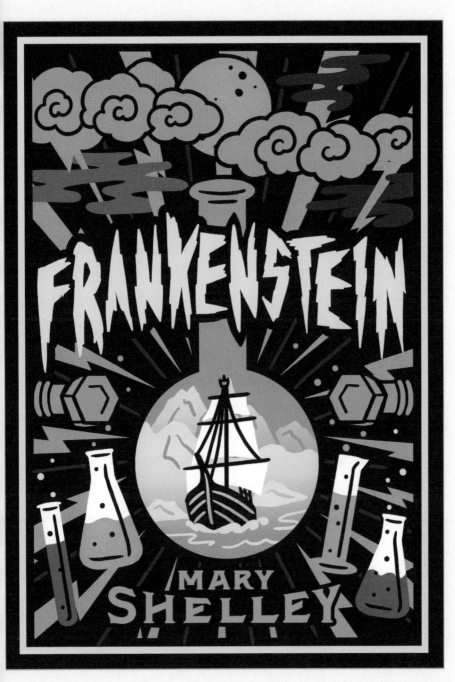

斯通克拉夫特和威廉·戈德温①之女的公开身份，到激进的政治和哲学观念，再到她自己因为一系列的个人悲剧（她的母亲在她出生后不到两周就死于产后并发症；她和雪莱②的第一个孩子只活了12天就夭折了）而产生的对于生死挥之不去的联想。当维克多·弗兰肯斯坦突然抛弃怪人时，这种被拒绝的感觉对青春期的玛丽来说也很熟悉，她因为与已婚的珀西私奔而受尽冷眼，并遭到自己父亲的公开抨击。

与许多电影版本不同，玛丽·雪莱的小说清楚地表明，真正的怪物其实是维克多，而不是他赋予生命的那个生物。雪莱在书中并非攻击所有的科学，她是在抨击不顾后果地追求科学创新的行为。维克多不但犯了妄自尊大的错误，同时也是一个疏忽大意的家长，对于自己亲手带到这个世界上的生物，他缺乏同理心，任由它陷入悲惨孤独的生活——它形单影只，被它遇到的每个人唾弃，被迫自学（电影改编往往忽略了那些感人的场景，在这些场景中，怪物通过阅读《失乐园》《少年维特的烦恼》和《对比列传》③来了解人类和善恶）。

由麻省理工大学出版社2017年出版的《弗兰肯斯坦》"为科学家、工程师和各类创作者添加了注解"，重点强调了维克

---

① 玛丽之母玛丽·沃斯通克拉夫特著有《女权辩护》一书，其父威廉·戈德温因其激进的政治观点而闻名。
② 珀西·雪莱，英国浪漫主义诗人，代表作《解放了的普罗米修斯》《西风颂》。
③ 原文为 *Plutarch's Lives*，根据小说《弗兰肯斯坦》中情节，应指古罗马哲学家普鲁塔克（Plutarch）的传世之作——《对比列传》（*Parallel lives*）。

多·弗兰肯斯坦对被他带到世界上的生物的忽视。该书的编辑写道，这部小说"促使人们认真反思我们个人和集体的责任，即扶持和培育我们创造力的产物，以及对我们改变周遭世界的能力施加约束"——在"合成生物学、基因组编辑、机器人技术、机器学习和再生医学的时代"，这是一个特别重要的概念。

麻省理工注解版的一个尾注指出，在怪物出于沮丧开始杀人后，维克多感到悔恨，"让人想起 J. 罗伯特·奥本海默[①]目睹原子弹难以言表的威力时的感受"，并发表了著名评论："我成了死神，世界的毁灭者。"

---

① 著名美籍犹太裔物理学家，曼哈顿计划的领导者，被誉为人类的"原子弹之父"。

《小失败》

（2014）

加里·施特恩加特 著

　　加里·施特恩加特的《小失败》是我读过的最有趣的回忆录。它温柔动人又玩世不恭，言辞真诚又观察入微，讲述了作者作为移民在 20 世纪 80 年代的纽约的成长过程，证明了作者强大的叙事才能和对语言的热爱。

　　施特恩加特 7 岁时，他的父母把所有的东西都装进两个绿色麻袋和三个橙色手提箱里，举家从列宁格勒迁往纽约皇后区。如同他精彩的小说《爱在长生不老时》和《俄罗斯社交新丁手册》一样，这本回忆录显示了他对人生荒诞性的高度敏锐，无论是在单调的苏联还是在错综复杂、五光十色的美国世界。

　　在《小失败》中，施特恩加特为我们讲述了自己为了适应在儿时视为"敌人"的国家中生活而做出的笨拙努力，令人忍俊不禁。与此同时，他深刻表达了他的父母为在美国开创新生活而付出的艰辛，以及在他"成为一名作家"的美国梦刚刚启航时，他对父母爱恨交加的心情。

在书中，施特恩加特让我们了解到他的父母在美国节俭朴素、小心谨慎的生活。在一次汽车旅行中，他们带着自己的食物（锡纸包裹的煮得嫩嫩的鸡蛋、俄罗斯甜菜沙拉、冷鸡肉）去麦当劳。他们把 69 美分一个的汉堡视为不必要的奢侈，并使用麦当劳免费提供的餐巾纸和吸管。

经过长时间的家庭讨论，作者的本名伊戈尔（Igor）被改成了加里（Gary），不仅因为"伊戈尔是弗兰肯斯坦的助手，而我的问题已经够多的了"，还因为加里这个名字能令人愉快地和演员加里·库珀（Gary Cooper）联系起来。然而，这个新名字对于学习同学们口中的义化词汇并没有多大帮助。家里没有电视机，加里就利用空闲时间阅读契诃夫的小说，但他很快发现，学校里"这些小肥猪"对"醋栗"或"带小狗的女人"①不感兴趣。

施特恩加特解释说，这本回忆录的书名来自他母亲给他取的一个绰号"小失败"②。之所以叫他"小失败"，一方面是因为他在史岱文森高中③的成绩不够好，没能进入常春藤盟校，他的父母表示，这意味着他们"就像从没到过这里一样"；另一方面是因为当作家并不是他父母为他预想的职业："每个

---

① 《醋栗》和《带小狗的女人》都是契诃夫创作的短篇小说。

② 原文中的"Failurchka"是作者母亲自创的俄语和英语混合的词汇，chka 意为"小"。

③ 成立于 1904 年，美国顶尖高中，每年的毕业生中有四分之一能考上常春藤盟校。

人都知道，移民的孩子必须进入法律、医学或是那个被称为
'计算机'的奇怪新领域。"

早在苏联生活时，加里就开始创作他的第一部小说了——
这是一个爱国主义故事，名叫《列宁和他神奇的鹅》——那
时他才 5 岁，患有哮喘，渴望取悦他的祖母。他每写一页，祖
母就给他一片奶酪；每写完一章，祖母就给他一个用面包、黄
油和奶酪做成的三明治。

"我在说，'祖母，请你爱我'。这是一条极度绝望又平
平无奇的消息，我会传达给她和我的父母。随后，我会传达给
一群皇后区犹太学校的学生。更久之后，再传达给我世界各地
的读者。"

《白牙》

（2000）

扎迪·史密斯 著

　　扎迪·史密斯的处女作《白牙》出版于她 24 岁时，这是一部人物众多、引人注目的重要作品。《白牙》既有查尔斯·狄更斯小说的人文关怀和喜剧生命力，又有像萨尔曼·拉什迪作品一样对流亡和移民主题的痴迷，更有大卫·福斯特·华莱士的雄心壮志和语言能量。史密斯不但具备与生俱来的叙事才能，而且拥有完全独创的文风——世故而又学术，大胆而又冷静。

　　从表面上看，《白牙》讲述了两个二战老兵的不幸遭遇——谦逊的英国人阿吉·琼斯和他最好的朋友，一个孟加拉穆斯林萨马德·伊克巴尔——以及他们不断扩展而又难以维系的家庭故事。史密斯神奇地进入她笔下人物的内心世界，她饱含同理心，以幽默诙谐的笔触描绘了他们的悲欢离合，同时也展现了更广泛的影响着人物日常生活的文化和政治动态。她的小说讲述了一个父母和子女、朋友和邻居的故事，从更广层面来说，也讲述了一个关于移民、流放和英国殖民主义后遗症的故事。

《白牙》的故事发生在喧闹嘈杂的伦敦，到处是咖喱店、台球厅和廉价发廊——这是一座遍地"贝克、霹雳男孩、印第安孩子、精孩子、浪人、野孩子、酸头莎伦、特蕾西、凯弗、祖国兄弟、拉贾斯和巴基斯"[①]等街头团伙的城市；在这里，失意的侍者梦想着改变历史，曾经冷酷的种族和阶级界限已变得模糊。

史密斯笔下的人物以截然不同的方式应对周围的社会变迁。她笔下的主人公阿吉娶了一个年轻的牙买加女人克拉拉，以善意的幽默应对一切变化和混乱。他想知道人们为什么不能"好好相处，好好生活，和和美美的"。相反，他最好的朋友萨马德则因目睹当代堕落的文化对他十几岁的双胞胎儿子产生的负面影响而愤怒不已。

对史密斯来说，阿吉和萨马德分别代表了两种世界观：一种是脚踏实地、求真务实，另一种是意识形态、绝对主义；前者接受自由导致的不确定因素，后者则试图操纵命运。阿吉在一家直邮公司工作，为公司的印刷品设计折页，他接受这样一个事实：他"在世间的地位可以按照人们熟悉的比例来计算"，就像鹅卵石之于海滩，雨滴之于海洋，针之于干草堆；他很乐意随大流。就萨马德而言，他仍然痴迷于曾祖父在印度反英暴动中扮演的角色；他渴望光环和荣誉，对自己卑微的侍

---

① 周丹译:《白牙》，海口：南海出版公司，2008 年。

者工作大为不满。

萨马德把双胞胎儿子中适应力更强的马吉德送回孟加拉国接受正规的穆斯林教育。他想，这样至少其中一个儿子长大后会为他的家庭和文化根源感到骄傲。然而，他为儿子们的未来制定的蓝图并没有按计划实现。马吉德从孟加拉国回国后，成了一名忠实的亲英派，他立志成为一名律师，身着白色西装，说起话来像大卫·尼文①。与此同时，他的兄弟米拉特却加入了一个宣扬革命和克己的伊斯兰激进组织。

在讲述阿吉和萨马德家族发生的一系列日益怪诞的事件时，史密斯缓缓揭开了人物的虚荣浮华和自我蒙蔽，同时展现了一代人如何反抗另一代人——儿子反抗父亲，女儿反抗母亲——以及他们如何重蹈前人的覆辙，追溯祖先的梦想，更反映了移民和他们的子女如何努力接受自己的双重身份和双重继承。

凭借这篇少年老成的处女作，史密斯向大众证明，她不但是一名能力非凡的小说作者，更是一位才华配得上野心的作家。

---

① 英国演员，1910 年 3 月 1 日出生于伦敦。

《我挚爱的世界》

（2013）

索尼娅·索托马约尔 著

>>>> ✿ <<<<

　　80 年代早期，当索尼娅·索托马约尔刚刚步入曼哈顿区检察官办公室时——她在 2009 年获得奥巴马总统提名最高法院法官——其中一位上司教导她，作为检察官，上诉时不能光靠逻辑，还需要调动陪审员的感情，让他们感觉到"在道德上有责任判定被告人有罪"。在 2013 年的回忆录《我挚爱的世界》中，她写道，州判例"就是一个故事：一个犯罪故事"。"是那些细节让一个故事变得真实。在询问证人时，我学会了问一些宽泛的问题，以便引出一些具有强烈感官关联的细节：颜色、声音和气味，这些都能在头脑中形成一个画面，让听众有身临其境的感觉。"

　　《我挚爱的世界》证明了索托马约尔法官对于叙事技巧的熟练驾驭。这是一本关于身份认同和成长的回忆录，一个关于凭借非凡意志和奉献精神实现的美国梦。索托马约尔法官通过坦率而引人共鸣的行文，以诚挚、反思的态度回顾了她身为纽约的波多黎各后裔度过的童年和接受的教育，以及作为一个律

这是一本关于身份认同和成长的回忆录，一个关于凭借非凡意志和奉献精神实现的美国梦。

师的岁月。她描述了自己成长的切身感受：在 20 世纪六七十年代的布朗克斯区 ①，人们要绕着楼梯井走（因为走私者和瘾君子们经常在这里枪战），人行道上随处可见乱丢的止血带和玻璃纸包装袋。

年轻的索托马约尔一直保持着自律和坚毅。她自力更生的坚忍性格一部分源自她控制自身糖尿病的经历（她七岁开始给自己打胰岛素，因为她的父母似乎帮不上忙）；另一个原因是，父亲的酗酒和母亲对此愤怒的反应（她的表现方式是晚上和周末加班，以免待在家里）让她从幼年起就意识到生活的无常。

索托马约尔法官写道，是祖母阿布丽塔对她的格外爱护，让她在"家里的混乱中找到了避难所"，让她"想象着我的人生最不可能的一种可能性"。

---

① 纽约五个区中最北面的一个，居民主要以非洲和拉丁美洲后裔居民为主，犯罪率在全国位居前列。

还是个小女孩时，索尼娅看完《梅森探案集》后，就对成为律师或法官的想法深深痴迷。然而，她最初的梦想是成为像她最喜欢的女主角南茜·德鲁那样的侦探。她告诉自己："我善于观察和聆听。我不放过任何线索。我能从逻辑角度找出真相，我喜欢解谜。我喜欢自己在解决问题时聚精会神、忘记一切的清晰专注的感觉。"

　　索托马约尔法官的文字显示她是个非常有自知之明的人，她指出，自己的生活有一个循环周期。不论是在普林斯顿大学、耶鲁大学法学院、曼哈顿地方检察院，还是面临最高法院法官的任命，新环境带来的挑战最初总会让她感到"极度不安，条件反射式的恐慌，担心自己会摔个狗啃泥"，但她随后会"用惊人的努力来弥补"。她说，自己从母亲那里学会"加倍的努力能克服信心的不足"。

　　她在大学的第一个期中论文得了 C，这让她意识到，自己不但需要学会组织更清晰连贯的论述，而且需要提高自己的英语水平。她说，在接下来的几个夏天，她把每天的午餐时间用来做语法练习并学习十个新单词，以及恶补经典名著，比如《哈克贝利·费恩历险记》和《傲慢与偏见》这些她幼年没能读过的书。

　　对于"一切靠侥幸"的恐惧——她动荡的童年带来的另一个后果——促使她认真准备课堂作业和法律案例。她对于学业的心无旁骛很快有了回报：因为成绩一贯名列前茅，她以最优等生的身份从普林斯顿大学毕业；成为检察官后，她开始频频赢得公诉案件。1992 年，作为新任联邦法官，第一天的公开庭审使她十分紧张，腿抖得膝盖都撞在一起，但很快她就知道，自己找到了理想中的职业。

她写道："我认为这条鱼找到了她的池塘。"

《理智尽头的棕榈树：诗选及剧本一部》

（1971）

华莱士·史蒂文斯 著

霍莉·史蒂文斯 编

>>>> ❖ <<<<

　　我最喜欢的一个关于著名作家写作习惯的故事，就是讲华莱士·史蒂文斯的。

　　史蒂文斯在哈特福德意外事故保险公司工作了近40年，并任该公司副总裁。每个工作日他都会步行两英里，从坐落于哈特福德一个宜人住宅区的家里走到他在市中心的办公室。他一边步行，一边在脑海里创作着闪烁的、音乐般的诗句——这些诗为他赢得了"美国最杰出诗人之一"的盛誉。有一种说法是，他喜欢根据自己的脚步节奏来给单词计时，当他被音韵或诗句卡住时，会暂停或后退一步。据他的女儿霍莉说，他也许会匆匆记下临时的笔记，但他会在脑海里创作诗句，然后到办公室把完成的诗口述给他的秘书。

　　史蒂文斯每周7天都穿灰色西装，在保险业被称为"担

THE PALM AT

THE END

WALLACE

STEVENS

OF THE MIND

保理赔主任"，但在诗歌中，他呈现了一系列滑稽的人物：小丑、花花公子和纨绔子弟，彼得昆①和喜剧演员克里斯宾②等角色。

史蒂文斯会带着女儿在后花园和哈特福德的伊丽莎白公园里喂鸭子，这一习惯激发了他诗歌中一些可爱的自然意象——大自然的季节性周期往往会触发他困惑的绝望，让他想到世事无常、循环往复，但万象更新、欣欣向荣的景象又同时点燃了他的希望。

在他许多最著名的诗歌中，史蒂文斯一次又一次地回归现实与人类想象、客观世界与被感知和艺术改变的世界之间的关系。"我把一只坛子置于田纳西，"他在最著名的一首诗中写道，"它是圆的，在一座山上。/ 它使得凌乱的荒野 / 环绕那山。"③

在《基韦斯特的秩序意念》中，他写道："是她的声音叫 / 天光消退时显得最鲜明。/ 给时日量度暗换的寂寥。/ 她是她歌中之境的唯一塑造者 / 她歌唱的时候，海洋，/ 不管有我无我，变成了 / 她歌中之我，因为她是创造者。"④

正如史蒂文斯的传记作者琼·理查森指出的那样，史蒂文斯作为诗人和保险公司高管的双重生活使他既实现了自己年

---

① 莎士比亚《仲夏夜之梦》中的人物。

② 出自史蒂文斯长诗《作为字母 C 的喜剧演员》(*Comedian as the Letter C*)。

③ 陈东飚译：《坛子轶事》，南宁：广西人民出版社，2015 年。

④ 张曼仪译：《现代英美诗一百首》，北京：中国对外翻译出版公司，1993 年。

轻时获得文学成就的梦想，又满足了他父亲古板的期望。这种双重人生使他时而生活在自己打造的抽象王国里，时而又生活在现实的商业世界中。事实上，他的想象力创造"现实的拓片"的过程不仅孕育了独特的诗歌，也成了他作品的主旋律。

史蒂文斯一直对混乱感到恐惧，他按照办公室的例行工作细心安排自己的日常生活，逐渐学会了用自己的想象力作为征服周遭混乱的工具。理查森写道，最终，"他能够把从母亲那里学到的对上帝的渴望，转变成一种去神圣化的版本：'以和谐有序为乐。'"

诗歌，是"至高无上的虚构"[1]，对他来说，诗歌已经代替了宗教信仰，用他的话说，"使生活本身完整"。

---

[1] "Poetry is the supreme fiction"，出自史蒂文斯的诗《一个高调的基督徒老妇人》（A *High-Toned Old Christian Woman*）。

《金翅雀》

（2013）

唐娜·塔特 著

当你阅读唐娜·塔特出版于 2013 年的长篇小说《金翅雀》时，一定会联想到查尔斯·狄更斯的作品。虽然《金翅雀》的书名来源于 17 世纪荷兰艺术家卡尔·法布里蒂乌斯创作的一幅关于一只小鸟的迷人画作，但是书中的人物角色和戏剧性情节无疑出自一位吸收了查尔斯·狄更斯小说精华的作者之手，她不可思议地将其融入了一本穷极想象之所能的"后 9·11 时代"小说，这本小说也是对她独特的叙事天赋的绝佳佐证。

这本书向我们展示了塔特作为小说家的成长和影响力。《金翅雀》的主旋律——不幸、死亡以及日常生活的脆弱——都是她以前处理过的题材。但在这本书中，她将扣人心弦的处女作《校园秘史》（1992）中的悬疑色彩与她在 2002 年的小说《小朋友》中展现的能力融合在了一起，以出色的情感精准度描摹了人物的内心生活。事实上，《金翅雀》表明了塔特身为作家的驾驭范围，她既能应对 19 世纪小说大师们提出的重大哲学问题，也能处理很多当代作家描绘的内心挣扎。与此同时，她利用自己对情绪和境况的直觉，细致鲜活地描写了 21 世纪的美国。她捕捉了曼哈顿上东区经久不衰的社交礼节、格林威治村的小镇节奏，以及拉斯维加斯荒芜街区的"炙热的采矿地"，那里遍地是被银行收回的空房子。

和《远大前程》一样，《金翅雀》讲述的是一个孤儿和一位神秘恩人的道德和情感教育。故事的开端是一场把 13 岁的西奥·德克尔的生活一分为二的事故：他和他的母亲顺道参观大都会艺术博物馆，他母亲最喜欢的一幅画——法布里蒂乌斯的《金翅雀》也在展品之列。这时，恐怖分子安装的炸弹突然爆炸了。西奥的母亲在爆炸中丧生，在混乱的余波中，他一时冲动把《金翅雀》从燃烧的废墟中带了出来。对他而言，这幅画是母爱的护身符，他不愿意把它归还给博物馆，这将使他陷入一系列日益危险的境地，包括遭遇毒贩、艺术品盗贼和暴徒。

陪他一起冒险的是他的新朋友鲍里斯，一个有趣叛逆且精于世故的孩子，辗转成长于澳大利亚、俄罗斯和乌克兰，他对于西奥而言，就像《雾都孤儿》中的"机灵鬼"之于奥利弗一样。狡猾的鲍里斯是个令人难忘的人物——如此活泼，如此不羁，如此真实——他将永远住在我们脑海中。

总的来说，《金翅雀》中的一些情节发展听上去有些荒谬。然而，和狄更斯的手法非常相似，塔特用巧合和荒谬的事件让读者深切体会到人生的不可预测和命运时有残酷的荒诞感，以及重新出发、从头再来的美国式信念。

《论美国的民主》

卷一（1835）

卷二（1840）

亚历西斯·德·托克维尔 著

亨利·里夫 译

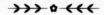

　　1831 年，一位年方 25 岁，名叫亚历西斯·德·托克维尔的法国贵族和他的朋友古斯塔夫·德·博蒙启航前往美国，想要一睹俘虏房他们想象力的新兴民主国家之面貌。通过长达九个月的公路旅行，托克维尔的经典著作《论美国的民主》诞生了——这本书结合了年轻作者敏锐的纪实眼光和他身为社会历史学家的分析技巧。

　　托克维尔的两位祖辈在法国大革命后的恐怖时期丧生，他担心民主可能会演变成一种新的暴政，但他也认为民主与平等是未来大势所趋。他和博蒙通过骑马、乘坐独木舟和汽船穿越 17 个州，采访了各种各样的美国人。托克维尔从自己详尽的笔记中取材，写下了一本相当清晰敏锐的书，其中对于美国人心理，以及民主作为一种执政形式固有的契机和风险的诊断分析，体现了作者高瞻远瞩的洞察力。

托克维尔写下了一本相当清晰敏锐的书，其中对于美国人心理的诊断分析体现了作者高瞻远瞩的洞察力。

早在社交媒体加速人们和同类"抱团"制造孤岛的一个半世纪以前，托克维尔就写道，美国人倾向于缩进"通过相似条件、习惯和行为方式联结在一起的私人小圈子"，为了"沉溺于私人生活的享受"，他担心这种自我专注会削弱对更大社区的责任感，为一种"压迫、削弱、消灭和愚弄一个民族"的软暴政开辟道路。他预言，这是一个专注物质成功的社会可能付出的代价之一，在这个社会里，人们变得过分注重获得"充斥于他们生活中微不足道的快乐"，以至于忽视了作为公民的责任。他写道："很难想象，已经完全放弃自治习惯的人，如何能够成功地选择那些管理他们的人。"

托克维尔担心反精英主义以及民众对于认真研究候选人资格的抵触，可能会使民主容易受到"各种江湖骗子"的影响，他们对民众叫嚣着他们想听的话语。他认为，从安德鲁·杰克逊总统身上就可以看到民粹主义的危险性。他把杰克逊描述为"一个脾气暴躁、才智平平的人",遭到"联邦中大多数开明阶层"的反对——这个人"无论何时遇到他的私敌,都会予以践踏",甚至以"近乎侮辱的轻蔑态度对待国会议员"。托克维尔写道,作为联邦政府总统,杰克逊的行为"可以视为威胁联邦延续的危险之一"。

针对美国人在这片大陆上犯下的两种原罪,托克维尔言辞犀利:以"政府的暴政"为靠山,"移居者的贪婪"导致了美洲土著部落的迁移和灭绝;奴隶制则导致了"足以证明人类法律已经完全扭曲的前所未有的暴行"。托克维尔预言,奴隶制会带来"最可怕的内战"。

在《论美国的民主》一书的无数预言中——许多预言都具有惊人的预见性——在未来,有两大民族"好像受到天意的密令指派,终有一天要各主宰世界一半的命运":美国人"任凭个人去发挥自己的力量和智慧,而不予以限制";俄国人"把社会的一切权力都集中于一人之手"。"前者以自由为主要的行动手段,后者以奴役为主要的行动手段。"[①]

---

① 董果良译,北京:商务印书馆,2017 年。

《魔戒》

《魔戒同盟》（1954）

《双塔殊途》（1954）

《王者归来》（1955）

J.R.R. 托尔金　著

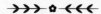

　　当我想象托尔金的《魔戒》时，我想到的不是彼得·杰克逊[1]的电影，而是巴兰坦出版社 1965 年版的礼盒装书籍，它堪称民间艺术的迷人书封出自芭芭拉·雷明顿之手：象征着夏尔[2]田园牧歌式天堂的开满花的树（《魔戒同盟》），一大群邪恶的黑色生物飞过崇山峻岭之上的天空（《双塔殊途》），危险的末日火山[3]喷发出熊熊火焰，可怕的怪物在下方的山谷游荡（《王者归来》）。

　　我已不记得在没有互联网的时代口碑是如何传播的了，但在 20 世纪 60 年代末，托尔金的小说似乎是学校里的酷小孩及其哥哥姐姐们读的书。当时的《魔戒》故事就像是几十年

[1] "指环王"系列电影导演。

[2] 托尔金在《魔戒》所创造的中土大陆内的一个区域。

[3] 位于魔多的心脏地带。只有末日火山的火才能摧毁魔戒。

后的"哈利·波特"系列。孩子们给宠物起名叫弗罗多和甘道夫，并争论（在我们眼中，这是一场严肃而理智的对话）索伦是不是希特勒的替身，魔戒的破坏力是不是对原子弹的隐喻。

孩提时代，我们就痴迷于正义与邪恶的终极对决，故事的主人公并非身披闪亮盔甲的骑士，也并非希腊花瓶上雕刻的战士，而是一个出身小镇的矮小、善良的孤儿，这一点也深受我们喜爱。但我们并不知道，托尔金是中古英语和盎格鲁 - 撒克逊语方面的权威，《魔戒》融汇了圣杯传说《贝奥武夫》以及托尔金在一战期间身为一名士兵的亲身经历。我们也不知道，这个故事是一个近乎完美的神话模板范例，约瑟夫·坎贝尔[①]将之称为"英雄之旅"。

当时，《魔戒》让我印象深刻的有两点。首先是它对中土世界的充分想象：托尔金创造了一个拥有自己的历史、地理、语言和文化的世界，这是一个对我而言极其真实的地方。事实上，我不看任何改编自《魔戒》的电影，因为我不想让电影画面挤走托尔金在我脑海中刻下的生动、细致的中土世界地图。

《魔戒》如此打动我的第二个原因与它的结局有关。没错，魔戒被摧毁，索伦被打败，夏尔恢复了和平，但谁也不能保证黑暗时代——"大患难"——不会有再临中土世界的一天。弗罗多也无法轻易回到他从前在夏尔的生活：漫长的旅程改变了他。在故事结尾，他带着满身伤痛和疲惫离开了夏尔，与比

---

① 美国著名的比较神话学家。

尔博、甘道夫和许多精灵一起去往西方不死之地。那是 1968
年——那一年，很多人第一次意识到世界上正在发生无法挽回
的可怕之事——尽管我才 13 岁，对我而言，《魔戒》的结局
比我读过的许多其他书中传统的大团圆结局更为真实可信。

《凡·高书信全集》

>>> ❖ <<<

　　人们可以一眼认出他的画作：他在法国南部居住的日子里，炽热的阳光充满了画布，荧光闪闪的群星在夜空中旋转，一丛光彩夺目的鸢尾花点亮了花园，一群乌鸦在暴风雨的天空下飞过一大片金色的麦田。

　　事实上，文森特·凡·高记忆中用来描述法国画家欧仁·德拉克罗瓦的话，完全适用于凡·高本人：他"脑海中有太阳，心中有雷雨"。

　　凡·高醉心于书籍，是一位极具天赋的作家，他在数百封信里记录了自己的创作过程，有时还记录了某些画作的起源，其中包括写给弟弟提奥的650多封信，提奥是他创作、情感和经济支持的来源之一。

　　这些信件读起来就像一本未经编辑的日记，几乎是凡·高绘画、阅读、观察和思考的意识流倾诉。他的文字具有极强的即时性，记录下自己的孤独、沮丧和对意义无休止的追寻。他在1880年写道："人的灵魂里都有一团火，却没有人去那儿取暖，路过的人只能看到烟囱上的淡淡薄烟，然后继续赶他们的路。"

凡·高曾试图成为像父亲一样的牧师，遭遇失败后，他转向了绘画。他意识到，艺术能填补他心灵的空洞，他的信件非同寻常地描述了他对新职业的全心奉献，以及他学习绘画的坚定决心。面对家人的反对、启蒙老师的贬低，以及惨淡的销量，他一直在奋力前进。

　　在信中，他写了自己学习借鉴的艺术家（伦勃朗、米勒、点彩派①画家和日本版画家），以及他喜欢的作家（如莎士比亚、左拉、狄更斯、乔治·艾略特）。他写下了他对色彩和光线的想法，对于新技巧的尝试，以及绘画过程中遭遇的挫折。1882年，他在给提奥的信中写道："我极其渴望创作出美的作品。""但创造美好的代价是努力——以及失望和毅力。"

　　通过阅读这些书信，我们得以了解凡·高如何立志成为一名画家，如何不断学习其他艺术家，以及如何在脑海中将博物馆里学到的课程吸收转化为自己独一无二和前所未有的艺术。

　　这些信件——包括他一些传世名作的草图——是鉴赏他激动人心的艺术作品必不可少的指南。"因为我已经活了30年了，"他在1883年给提奥的信中写道，"我有一种义务和责任，以绘画的形式留下某种纪念，表达我的感恩之情。"

---

① 点彩画派是一种用细小的彩点堆砌、创造整体形象的油画绘画方法，创始人是修拉和西涅克，又称"新印象主义"，也叫"分色主义"。

《大地上我们一闪而过的荣光》

（2019）

王洋 著

1988 年，王洋出生在西贡[①]郊外的一个水稻农场，2 岁时来到美国。在 2016 年出版的诗集《伤痕累累的夜空》中，王洋用语言的魔力唤醒并保存了家人的记忆，将"骨头化作奏鸣曲"，并通过生花妙笔，让他们"从湮灭中回归"。

在康涅狄格州的哈特福德，王洋由外祖母和母亲抚养长大，她俩都大字不识。母亲依靠在一家美甲沙龙的工作养家糊口。由于外祖母在越战期间嫁给了一位美国军人，他在一首诗中表达了对这场战争的讽刺："没有轰炸，就没有家庭，也就不会有我。"

他的很多诗歌都聚焦于越战以及他的家人克服战争记忆的努力。他感情丰沛的处女作《大地上我们一闪而过的荣光》也着眼于越战导致的情感创伤。它同样是对身份问题毫无保留

[①] 越南首都，现更名为"胡志明市"。

的反思——对于一个移民、一个同性恋者、一个因为母亲和外祖母需要他进行翻译而初次认识到语言重要性的作家来说，身份意味着什么。他描述了在哈特福德度过的穷困潦倒的成长期——骑一个小时的自行车去打暑期工，拿每小时九美元的报酬，在慈善二手店里寻找黄色标记的物件（因为这意味着额外打五折），吃用"神奇面包"①和蛋黄酱（他母亲以为是黄油）做成的三明治，他认为"这就是美国梦"。

王洋的立体化叙述时而大胆，时而诗意，时而急切，时而凄婉，在时间线上来回跳转，为我们呈现了叙述者及家人的生活快照。在某种程度上，《大地上我们一闪而过的荣光》的灵感来自王洋自己的生活，它采用一位叫"小狗"的年轻人给自己不识字的母亲写信的形式。"小狗"告诉她，自己爱上了一个名叫特雷弗的男孩，他们的热恋始于一个夏天，当时他们在当地的烟草农场工作。"小狗"还告诉她，特雷弗22岁时因吸入过量掺有芬太尼的海洛因死去，还有其他四个朋友也死于吸毒。

我们得知"小狗"的母亲患有创伤后应激障碍——源自她在战争期间目击的狂轰滥炸，以及她在"小狗"父亲手里遭受的虐待。我们还了解到，她经常把怒气发泄在儿子身上，恐吓他，打他，朝他扔东西。但"小狗"对母亲的描述满怀爱意，充满了共同回忆，对于母亲和外祖母为他在美国生活所

---

① Wonder Bread，美国著名面包品牌，诞生于1921年，20世纪30年代因售卖机器切片白面包而风靡全美。

做出的牺牲感激在心。

　　他记得她穿着最好的衣服带他去购物中心逛街。他也记得，在他年幼害怕时，她对他哼唱"生日快乐"歌，因为这是她所知道的唯一一首英文歌。

　　"战争什么时候结束？"他询问她有关越南的记忆，"什么时候我能说出你的名字，这名字背后已不再蕴含什么，而仅仅代表你自己？"

《德里克·沃尔科特诗集：
1948—2013》

（2014）

格林·麦克斯韦 编

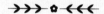

　　德里克·沃尔科特在《纵帆船"飞翔号"》中写道："我没有家乡，只有想象。"这句话简明扼要地概括了这位诺贝尔奖得主贯穿整个创作生涯的主旋律。沃尔科特出生在西印度群岛，拥有英国、荷兰和非洲血统，他长成了一个游走在不同文化边缘的"分裂的孩子"，在多种传承之下，他锻造了一种独一无二的诗意风格，创作了大量作品，以其画面的直接性、历史的复杂性和惊人的音乐之美给读者留下深刻印象。

　　在早期诗歌中，沃尔科特写道，他"在希腊和非洲的万神殿之间"摇摆不定，不得不"在非洲和我热爱的英语之间抉择"①。在他的自传长诗《另一生》以及《幸运的旅行者》中蕴含的流亡之歌中，他对身份的探寻进一步被放大。他暗指自己作为一个各国文化之间的流浪者，一个无法归巢的浪子，可

---

① 这句诗出自沃尔科特的诗《非洲已远》（*A far cry from Africa*）。

谓是福祸相依：它意味着错位和文化断绝，但也意味着自力更生和从"借入的祖先"中创造自我的自由。

从他曾称之为"完美的殖民教育"中，沃尔科特爱上了繁复、整齐的韵脚，他还深受莎士比亚、霍普金斯和济慈，以及荷马、维吉尔、但丁的影响。与此同时，他最具活力的诗仍然植根于加勒比历史的细节，以及伴随他成长的大海的温度、光线和声音。

沃尔科特的诗歌具有天生的节奏感和炫目的意象（提醒一下，沃尔科特同时还是一位才华横溢的水彩画家），有一种令读者耳目一新的力量。在这些诗中，对自然的描述充满了画面感（"月亮整夜徘徊在树叶间"，雨水打在树叶上"像水银一样四分五裂"，群星闪耀就像"被困在糖浆里的萤火虫"），结合文学引言和历史政治上的沉思，创造新世界令人惊叹的神话：曾被奴隶贩子和帝国主义掠夺的安的列斯群岛，如今得到救赎，焕发新生，就像普洛斯彼罗①的秘密荒岛一样存在于诗人的想象中。

"帝国的麻风病"在加勒比地区肆虐，随之而来的是可怕的贫穷和匮乏（"地狱是 / 两百个木桩上的棚屋 / 一条通往粪坑的灌木丛生的小路"）。但在安的列斯群岛上，同样有着被南方天空的熠熠光芒照亮的，那摄人心魄的青翠美景。

沃尔科特在 1992 年的诺贝尔奖致辞中说，诗歌"同时列

---

① 莎士比亚戏剧《暴风雨》中的人物。

举了过去和现在时态的动词变化"。并且"诗歌将不顾历史的
阻扰，要和这世界谈一场恋爱"。①

① 刘志刚，马绍博译:《黄昏的诉说》，南宁：广西人民出版社，2019 年。

《无尽的玩笑》

（1996）

大卫·福斯特·华莱士 著

　　作为驾驭文字的魔法师，大卫·福斯特·华莱士能以热情、幽默和活力书写　切　他可以谈论网球、政治或龙虾，也可以描写戒毒的惨状或英语语法的错综复杂，还可以讲述在豪华游轮上生活的小笑话，或是当人们不忙于排解自我时面对的可怕的存在主义问题。他可以描绘出无限与无穷小、神话与世俗，并将最为前卫的后现代烟火与老派的道德严肃性和自省融合在一起。

　　亨利·詹姆斯将某些小说形容为"臃肿怪兽"，而《无尽的玩笑》赋予了其新的含义。这是一份庞大、迷幻的纲要：包括奇闻轶事、怪胎、刻意的脚注，以及成倍增长的笑话、独白和题外话。这部小说不仅标志着华莱士积极采用了他本人热情饶舌的语言风格，也挑战了我们对叙事传统——关于开头、结尾和终止——的先入之见。在这个过程中，它反映出我们栖息的世界——在这个世界中，唯一不变的是间断性。

　　《无尽的玩笑》在问世近 25 年后，已成为具有里程碑意

义的书籍之一。它的影响已渗入我们的文化，在 21 世纪，它表现的反乌托邦图景更是前所未有的适时。

在书中，华莱士设想了美国荒诞的未来——成群的野仓鼠游荡在这片土地上——同时记录了荒诞对人们的侵袭：在这个国家，广告铺天盖地，人们娱乐至上、醉生梦死。华莱士描绘了一个以特定产品命名每年年份的国家（"多芬香皂试用装年""迪潘成人内衣年"等），自由女神像如同一个顶天立地的广告牌，她手中高举的不再是火炬，而是巨大的假汉堡和其他物品。

就像他在去世后才出版的小说《苍白的国土》（2011）一样，人们时常认为华莱士惊人的才华就像取之不尽的军火库，他调用各种各样的武器来捕捉千禧一代美国的喧嚣和疯狂：生活在自我建造的孤岛上的人们的疏离和孤独，我们每天时时刻刻都要面对的泛滥的数据、新闻和琐事，一切都在无情的商业化——从周遭环境到我们的兴趣爱好。

他捕捉了音乐家罗伯特·普兰特所说的当代美国生活中无数"深刻而无意义"的一面——在当代美国，现实本身已经有了超现实的感觉。

《国王的人马》

（1946）

罗伯特·佩恩·沃伦 著

>>>> ✦ <<<<

　　罗伯特·佩恩·沃伦关于权力和道德的经典寓言《国王的人马》的书名来自一首儿歌："蛋头先生墙上坐 / 蛋头先生跌下墙 / 国王所有的马儿和士兵 / 都难把他拼回去。"

　　蛋头先生是谁呢？对于这个英语课上老生常谈的问题，可以从沃伦对自己新颖构思的评论中找到答案——小说主人公代表着"民主可能招致的那种厄运"。

　　某种程度上，沃伦笔下的主人公威利·斯塔克的灵感来自路易斯安那州州长兼参议员休伊·皮尔斯·朗(1893—1935)的人生，门肯[1]将其描述为"蛮荒之地的煽动家"，小霍丁·卡特[2]则把他描述为"美国土地上首位真正的独裁者"。

　　在纪念本书出版35周年的一篇文章中，沃伦写道，威利的第一个前身是他在20世纪30年代创作的一部诗剧中一位名叫塔洛斯的"政治独裁者"。沃伦对休伊·朗的观察，对莎士

---

[1] 美国评论家。
[2] 美国著名记者和作家，普利策奖得主。

比亚历史剧的讲授，对斯宾塞的《仙后》的看法，以及在意大利暂居期间对墨索里尼崛起的揭露，都为这部诗剧提供了素材。沃伦写道，他对这一理论很感兴趣："'伟人'仅仅是由历史的力量创造出来的，他之所以'伟大'，不是因为他个人单独的力量，而是因为他人的软弱或是整个社会都失去了使命。"

《国王的人马》中的一个角色将斯塔克描述为一个"硬汉"："他表现得非常强硬。但他坚持一条原则：不打破鸡蛋，就做不成煎蛋卷。"沃伦在他1981年的文章中写道，这是在给"墨索里尼和希特勒以及所有攫取权力的人开脱"。

与这些臭名昭著的暴君相比，威利·斯塔克是一个复杂的角色，一个带着理想主义动机和渴求权力的野心开启职业生涯的政治家。他将自己的诡计、霸凌和勒索合理化，认为这些手段是为了帮助改善穷人和被剥削者的生活。有人给他提了一个愤世嫉俗的建议："见鬼，让他们哭吧，让他们笑吧，让他们认为你是他们软弱无力、误入歧途的朋友，或者让他们认为你是全能的上帝。或者让他们生气，甚至生你的气。只要让他们激动起来，不管你怎么做，为什么做，他们都会喜欢你，而且还会要求更多。"接受这个建议之后，他才学会了煽动人心的黑暗艺术。

在沃伦看来，威利·斯塔克拥有"权力，因为他可以满足身边人的某种需要，某种空虚"。斯塔克的故事实际上是以他的政治顾问杰克·伯登的故事为框架的。在小说中，伯登经历了疏离、不愿为"老板"做任何事的阶段，转而开始接受为自己的行为承担后果。杰克明白，自己无法回避家族痛苦的过去——就像南方免不了要接受奴隶制的原罪一样——他的故事强调了冷漠和超然的代价，以及坚信自己能置身历史之外的危害。

《你当像鸟飞往你的山》

（2018）

塔拉·韦斯特弗　著

　　塔拉·韦斯特弗的回忆录《你当像鸟飞往你的山》讲述了一位年轻女性非凡的自我发现之旅，证明了书籍和知识的力量可以改变一个人的生活。

　　韦斯特弗在爱达荷州的乡村长大，是家里七个孩子中最小的，小时候从未上过学。她通过钻研《圣经》《摩尔门经》[①]以及约瑟夫·史密斯[②]和杨百翰[③]的演讲来学习阅读和写作。

　　她的父亲是一名激进的生存主义者，他认为"公立学校是政府的诡计，目的是让孩子远离上帝"；他囤积了枪支弹药和罐头食品，让他的家人准备好与联邦政府及他所谓"可憎的日子"决战；他不相信医生或医院——甚至当他和儿子们在车祸和垃圾场事故中严重受伤时也拒不就医；当听到塔拉诉说自己受到哥哥肖恩的攻击时，他和妻子也置若罔闻。

---

① 耶稣基督后期圣徒教会的四部标准经文之一。

② 摩门教的创始人。

③ 约瑟夫·史密斯的继任者。

塔拉·韦斯特弗写道，多年来，她的生活就是这样被定义的。她被告知，作为一个女人，她没有真正的选择，父亲的话就是法律。"我的生活一眼看得到头，"她写道，"当我十八九岁时，我会结婚。爸爸会分给我农场的一角，我丈夫会在那里盖间房子。妈妈会教我草药和助产的知识。"当她生孩子时，"妈妈会给我接生，我想有一天，我也会成为助产士"。

　　韦斯特弗以直截了当、实事求是的口吻讲述了她的童年故事。她也同样谨慎地讲述了她从上大学前从未受过任何教育，到最终获得剑桥大学历史学博士学位的惊人飞跃。对她而言，写这本书似乎是一种了解她人生之路的过程，也是一种分享教育如何完全改变她人生轨迹的途径。

　　这一飞跃始于她的哥哥泰勒（他已经不顾父亲反对离家上大学去了）鼓励她准备 ACT 考试①。韦斯特弗驱车 40 英里到最近的书店买了一本学习指南和一本代数教科书，经过几个月的集中学习，17 岁的她被杨百翰大学录取了。她父亲的反应却是："你弃绝上帝的祝福，去无耻地追求人类的知识。他的怒气因你而起，不久就会降临。"②

　　进大学后，韦斯特弗被自己的无知震惊了：她从未听说过拿破仑、民权运动或犹太人大屠杀。室友暴露的衣着让她目瞪口呆——Juicy Couture③的裤子搭配一件细肩带紧身短背

---

① 美国大学入学考试。

② 任爱红译：《你当像鸟飞往你的山》，海口：南海出版公司，2019 年。

③ 美国加州的时尚品牌。

心——她还惊讶地发现同学们在周日看电影。

但韦斯特弗坚持下来了。她获得了盖茨剑桥奖学金，成为哈佛大学的访问学者，然后前往剑桥攻读博士学位。她的学术之路走得越深入，就感到距离家乡越远。在她告诉父亲肖恩威胁她和她姐姐的事之后（而她父亲残忍地站在肖恩那一边），她终于和父母决裂了——他父亲提出和解，只要她迷途知返，同意"重生"。

虽然她想要回父母的爱，但她说，她意识到父亲的要求只不过是要她放弃对于"是非、现实、理智本身的看法"。

"我所有的奋斗，"她写道，"我多年来的学习，一直是为了让自己得到这样一种特权：见证和体验超越父亲所给予我的更多的真理，并用这些真理构建我自己的思想。我开始相信，评价多种思想、多种历史和多种观点的能力是自我创造力的核心。如果现在让步，我失去的将不仅仅是一次争论，我会失去对自己思想的掌控权。这就是要求我付出的代价，我现在明白了这一点。父亲想从我身上驱逐的不是恶魔，而是我自己。"

"你可以用很多说法来称呼这个全新的自我，"她继续写道，"转变，蜕变，虚伪，背叛。"

"而我称之为：教育。"

《地下铁道》

（2016）

科尔森·怀特黑德 著

>>>> ✦ <<<<

在 2016 年出版的令人痛心的小说《地下铁道》中，科尔森·怀特黑德将这个由秘密路径和安全屋组成的隐蔽的 19 世纪道路网——它由黑人和白人民权活动家们运作，帮助奴隶逃离南方——变成了一列真正的火车，一条一路向北、通往自由的铁道网络。

小说达到了这样的效果：这部强有力甚至带有幻想色彩的小说让读者全然理解了奴隶制给人类造成的惨烈后果。小说源于 20 世纪 30 年代的联邦写作计划[①]，它对奴隶制进行了令人不寒而栗的细节描写，让人不禁想起拉尔夫·埃里森的《看不见的人》、托妮·莫里森的《宠儿》以及雨果的《悲惨世界》。

《地下铁道》记录了年轻女奴科拉的一生，她从出生地佐

[①] "联邦作家计划" 启动于 20 世纪 30 年代，由美国总统罗斯福发起，主要包括美国人生活史访谈和奴隶叙述计划，对于当代美国口述史学的发展具有直接的现实意义。

治亚庄园逃跑，不畏艰险地追求自由，就像她母亲梅布尔当年所做的一样。

书中有一个沙威①式的狂热的奴隶追捕者，名叫里奇韦，他一直在追杀科拉和她的朋友西泽。当年他没能找到梅布尔，这使他更加下定决心追捕梅布尔的女儿，并摧毁这个协助她逃跑的地下铁道网。从佐治亚州出发，她一路经过南卡罗来纳、北卡罗来纳、田纳西，再到印第安纳州，科拉不仅要躲避里奇韦，还要躲避其他赏金猎人、告密者和动用私刑的暴徒们的追捕。一路上，她获得了几个无私的"铁道"工作人员的帮助，他们甘愿冒着生命危险救助她。

与他此前的作品《直觉主义者》和《约翰·亨利节》一样，《地下铁道》展现了怀特黑德与生俱来的能力——他将无情的现实主义与寓言写作相结合，完美地融合了直白与诗意。

他表达了奴隶制造成的情感伤害：恐惧、屈辱、失去尊严和控制权。他还讲述了庄园里残酷的日常，科拉被轮奸、鞭打（伤口浇上胡椒水以加剧痛苦）是家常便饭。怀特黑德写道，多年来，科拉"见过许多男奴吊死在树上，尸体留给秃鹫和乌鸦饱餐。女奴被九尾鞭打到皮开肉绽。活人和死尸在柴火堆中熊熊燃烧。奴隶的脚被砍断防止逃跑，手被砍断防止偷窃。"②

在逃跑过程中，她会发现即便是在"自由的"北方，她

① 《悲惨世界》中的角色，冉阿让的追捕者。

② 康慨译：《地下铁道》，上海：上海人民出版社，2017年。

也需要避开那些奴隶警官的追问，因为他们的权力"大到可以以社会安全的名义随意出入他人家门并审问指控"。

这些段落能在当下的美国社会引发共鸣：警察误杀手无寸铁的黑人男子，移民和海关执法局增强了对移民的突击检查，针对少数族裔的拦截搜身政策，特朗普总统的种族主义言论令白人至上主义者高高在上。怀特黑德并未在作品中强调与当下社会的相似之处，他没必要这么做。这部内容极度悲惨的小说也能为当下黑人和移民遭受的种种不公提供背景依据，但只能从福克纳所说的角度来理解："过去永远不死，它甚至还没有过去。"

《昨日的世界》

（1942；英译本，1943）

斯蒂芬·茨威格 著

本杰明·W.许布希 赫尔穆特·里珀格 译

奥地利作家斯蒂芬·茨威格的回忆录《昨日的世界》是他谱写的一曲挽歌，以纪念他青年时代在世纪末的维也纳遭遇的那个失落的世界。书中令人不安地讲述了一战期间欧洲大陆的惨状，经历了短暂的和平之后，希特勒灾难性地崛起，欧洲大陆再次陷入二战。

在这本书出版超过 3/4 世纪之后，它读起来就像一个言犹在耳的警示：文明是多么脆弱，"理性的统治"会多么迅速地让位于"狂热野蛮的胜利"。在战后自由民主秩序削弱的背景下，面对欧洲和美国令人担忧的民族主义和极右政治的复苏，这是一个非常适时的警示寓言。

茨威格在孩提时代以及魏玛共和国时期作为成功作家时所了解的世界，无疑会在 21 世纪的前几十年里引起许多读者的共鸣。他在书中写道，在他成长的那个时代，科学的奇迹——对疾病的征服，"人们的话语能在一秒钟内传遍全

球"——取得了看似必然的进步，甚至连贫困这样的棘手问题"似乎也不再难以解决"。

茨威格回忆说，一种乐观主义（可能会让人想起1989年柏林墙倒塌后蓬勃发展的希望）影响了他父亲那一代人："他们真诚地认为，国家和教派之间的分歧和界限会在人类共同的博爱中逐渐化解，全人类将共享和平与安全这一最宝贵的财富。"

茨威格年轻时，他和他的朋友们会在咖啡馆里消磨好几个小时，谈论艺术、理念和个人关心的话题："我们热衷于争做第一个发现那些最近、最新、最离谱、最不寻常之事的人。"

人们对希特勒所代表的危险后知后觉。茨威格写道："有少数作家花精力读过希特勒的书，他们只顾嘲笑他那生硬的散文夸大其词，而没有去研究他的计划。"各大报纸向读者保证，纳粹运动"不日就会崩溃"。不祥的预兆越积越多。德国边境附近一群群来势汹汹的年轻人"一边宣扬他们的信条，一边威胁说要是不立即加入，以后就得为此付出代价"。还有"那些在和解时代艰难地修补起来的、阶级和种族之间的地下裂痕和罅隙"再次裂开，很快就"扩大成深渊巨壑"。

茨威格指出，即使在希特勒掌权后，许多人仍不愿放弃他们习以为常的生活、日常活动和习惯，对正在发生的事情保持一种否认的状态。人们问道，"在一个法律已经稳固、国会里多数人反对他、每个公民都坚信庄严宣布的宪法能保障个人自由与平等的国家"里，这位德国新领导人怎么可能胡作非为呢？他们告诉自己，这种疯狂的爆发"不会在20世纪继续存在"。

_____ 的 藏 书

>>> ◊ <<<